U0603381

美文工作室

站 在 人 这 边

THE WORLD BECOMES WHAT WE TEACH

Educating a Generation of Solutionaries

Zoe Weil

万物共生书系
vol. 1

世界如我们所教

问题解决者培育手册

[美]佐伊·维尔 著　　顾璇 译

上海教育出版社
SHANGHAI EDUCATIONAL
PUBLISHING HOUSE

图书在版编目（CIP）数据

世界如我们所教：问题解决者培育手册 / (美) 佐
伊·维尔著；顾璇译. -- 上海：上海教育出版社，
2025. 6. --（万物共生）. -- ISBN 978-7-5720-3399-5

I . G511

中国国家版本馆CIP数据核字第2025JH1504号

上海市版权局著作权合同登记号：图字09-2025-0124

The World Becomes What We Teach: Educating a Generation of Solutionaries

© Zoe Weil, 2016, 2021

published by Lantern Publishing & Media, P.O.Box 1350,

Woodstock, NY12498, USA

Simplified Chinese translation edition copyright:

2025 Shanghai Educational Publishing House Co., Ltd.

All rights reserved.

本书中文简体字翻译版由上海教育出版社获权独家出版并销售。未经出版社书面许可，不得以任何方式复制或发行本书的任何部分。

策划编辑　刘美文　王　璇

责任编辑　庄雨蒙

装帧设计　王鸣豪

万物共生

世界如我们所教：问题解决者培育手册

[美] 佐伊·维尔　著

顾　璇　译

出版发行　上海教育出版社有限公司
官　　网　www.seph.com.cn
地　　址　上海市闵行区号景路159弄C座
邮　　编　201101
印　　刷　上海盛通时代印刷有限公司
开　　本　890×1240　1/32　印张 8.25
字　　数　103 千字
版　　次　2025年6月第1版
印　　次　2025年6月第1次印刷
书　　号　ISBN 978-7-5720-3399-5/G·3037
定　　价　58.00 元

如发现质量问题，读者可向本社调换　电话：021-64373213

本书由山东大学动物保护研究中心策划和资助出版

王　博　顾　璇　主编

教育不是装满一桶水，而是点燃一把火。

——威廉·巴特勒·叶芝（William Butler Yeats）

只要你给学生机会，他们就会取得远远超出预期的成就。

——伊泽尔·沃西基（Esther Wojcicki）

教育的目标应该是建立一个造福所有生命体的世界。

——沙里夫·阿卜杜拉博士（Dr. Shariff Abdullah）

每一位优秀教师都有成百上千的继承者。也许，这就是教书的
最好理由。

——德克斯特·查平（Dexter Chapin）

丛书序
在"共生"理念中探寻未来

　　全球化浪潮与科技革命的交会，使人类文明步入了一个充满挑战与机遇的新纪元。气候变化、生物多样性锐减、社会分化、文化冲突等全球性议题，无不昭示着人类与自然、社会及自身关系的深刻变革。在此背景下，"万物共生"书系应运而生，旨在以跨学科、跨文化的多元视角，探寻人类与万物和谐共生的可能路径。

　　"共生"理念在东西方文明中皆有其深厚渊源。东方文化中，"天人合一"的哲学智慧已绵延两千多年。儒家倡导"仁民爱物"，将仁爱之心推及万物；道家崇尚"道法自然"，强调顺应天道、万物相生。这种"共生"智慧深深植根于中华文明的肌理之中，从诗词歌赋到园林营造，从农耕文明到社会治理，无不彰显着对自然的敬畏与尊重。西方文明中，"共生"概念肇始于生物学领域，用以诠释不同物种间的互利关系。随着学科交融，这一概念逐渐延伸至社会学、生态学、伦理学等广阔领域。东西方对"共生"的理解虽各有侧重，却殊途同归，它们共同指向生命系统的动态平衡与相互依存。在数智文明时代，这种交融更显深刻。人工智能的发展揭示了科技与自然、人类与机器共生的无限可能，而全球化与地方性的张力则启示我们：唯有在尊重差异中寻求共生，方能构建可持续的未来图景。

"万物共生"不仅是一种哲学洞见，更是一份行动纲领。本书系首期推出的三部译作，分别从教育创新、生态设计、人与动物关系三个维度，展现"共生"理念的实践价值。佐伊·维尔（Zoe Weil）的《世界如我们所教：问题解决者培育手册》（*The World Becomes What We Teach: Educating a Generation of Solutionaries*）倡导仁爱教育，与中国"知行合一"的教育传统遥相呼应。她主张以审辩式思维与同理心,突破人类中心主义,培育具有全球视野和问题解决能力的下一代。这与数智时代个体叙事对宏大叙事的超越形成共鸣,彰显了教育在培育共生型人才中的关键作用。大卫·奥尔(David Orr)的《自然而然:生态设计的革命》(*The Nature of Design: Ecology, Culture, and Human Intention*)(暂译名)将生态伦理融入建筑、景观与规划等领域,主张设计应服务于生态网络而非由人类主宰。其生态设计理念与中国传统园林"道法自然"、西方"仿生设计"不谋而合,共同诠释了对自然秩序的深刻理解。马克·贝科夫(Marc Bekoff)的《重塑野性:重铸共情与共存的心灵之途》(*Rewilding Our Hearts: Building Pathways of Compassion and Coexistence*)(暂译名)通过梳理动物行为学研究的证据,挑战了人类至上的观念,揭示了非人类生命的智慧与情感。其主张与中国"众生平等""民胞物与"的思想交相辉映,指向一种超越物种界限的伦理共同体。

这三部著作虽视角各异，却享有共同的精神内核。其一，它们均强调系统性思维，将局部问题置于全球生态网络中审视。佐伊·维尔的教育观指向复杂而真实问题的解决，大卫·奥尔的生态设计强调地球公民的责任，马克·贝科夫呼吁跨物种正义，这都让我们看到了在全球化背景下，个体与整体、局部与全局间的紧密联系。其二，它们都具有鲜明的实践导向，从理论批判转向行动方案。无论是教育中的"问题解决式学习"，生态设计中的"再生能源系统"，还是动物保护中的"回归野性"，都为我们提供了具体的行动指南，让我们看到理论与实践相结合的可能性。其三，它们均展现出跨文化对话的特质，在西方经验与东方智慧间架设起桥梁。佐伊·维尔的教育理念与儒家"仁爱思想"相得益彰，大卫·奥尔的生态设计与道家"无为而治"相映成趣，马克·贝科夫的动物伦理与儒家"恻隐之心"相互印证，彰显了东西方文化在"共生"理念上的相通。

在"万物共生"书系付梓之际，往事历历在目。数年前，我们曾带领自然教育和环境教育同仁研读大卫·奥尔的《大地在心：教育、环境、人类前景》一书，其思想加深了我们对教育与环境的认知——教育不仅是知识的传递，更是对自然的敬畏与责任的唤醒。两年前，受佐伊·维尔的仁爱教育理念启发，我们开发了"友善万物"课程，在公益组织支持下培训了全国上百名教师。看到课程走进课堂，触动孩子们的心灵，那种欣慰之情难以言表。阅读马克·贝科夫关于动物情感的著作时，我们常为其幽默而坚定的文字所打动，他笔下的动物不再是冰冷的"它"，而是有情感、有故事的生命。如今，能在"万物共生"书系首期中再次引入这三位学者和实践者的著作，实为献给所有热爱生命、心怀万物的读者一份珍贵的礼物。愿这套书系能点亮更多人心中的友善之光。

　　"万物共生"书系的出版，承蒙山东大学动物保护研究中心在策划和资金上的鼎力支持，以及上海教育出版社美文工作室编辑团队的倾力相助。在此，谨向为书系出版付出心血的各位师友致以诚挚谢意，特别感谢各位译者的辛勤耕耘。正是他们的共同努力使"万物共生"思想的传播成为可能。

王博、顾璇

2025 年 2 月 10 日

中文版序

　　本书基于这样的前提：一个"更美好的世界"是可能实现的，我们能够解决面临的挑战，让所有人、其他物种以及维持生命的生态系统都能繁盛发展。我们都希望这样的未来能成为现实。

　　虽然每个人对"更美好的世界"都有自己独特的愿景，但我们很可能在基本原则上达成共识：减少相互之间的暴力，减少对动物的残忍，减少对环境的破坏；增进健康，促进共情，提高蓬勃发展的能力。

　　我们如何构建这样的未来？路径众多，每个人都能发挥作用，但有一个系统是所有社会系统的根基，这就是教育系统。教什么以及如何教，将塑造未来。这意味着教育工作者和父母在引领未来方面或许扮演着最重要的角色，这个未来是人人都得以繁盛发展的未来。

在复杂的全球化世界中，能源、商业、公共管理、交通、生产、农业等系统相互交织，学会如何制订健康、创新和高效的解决方案至关重要。

当学生学习成为问题解决者，他们也成了出色的研究者和思考者。他们渴望从各方利益相关者那里学习，这样他们提出的解决方案就能针对问题产生的根本原因，并尽量减少意外的负面后果。当实施解决方案时，他们在合作中获得实践，并在看到自己的努力带来积极结果时倍感激励。

当年轻一代把他们在学校学到的读写能力和计算能力，以及他们敏锐的头脑和宽广的胸怀，用来服务社会，繁荣社区、国家和世界时，每个人都将从中受益。这就是为什么我们需要培育下一代问题解决者，因为世界真的变成了我们所教的样子。

佐伊·维尔

2024 年 11 月 21 日

词语解释：Solutionary[①]

名词：问题解决者、解决问题的人

1. 一个能识别不人道、不公正、不可持续系统的人。这个人进而制订解决方案来变革这些系统，使其对人、动物和环境而言具有恢复性、健康性和公正性。

2. 一个能运用审辩式思维、系统性思维、战略性思维和创造性思维来应对紧迫、艰巨挑战的人。这个人努力创造积极的变革，且在帮助一个群体的同时不伤害另一个群体。

---

① 此处的英文单词是作者佐伊·维尔提出的，既是名词，也是形容词。此处给出界定，即本书所谈的"问题解决者"等相关概念的含义。——译者注（除特别注明"译者注"外，其余注释均为作者所注。）

i

3. 一个努力做出个人选择和创建支持系统的人。这些选择为所有人、动物和环境带来"最多益处、最少伤害"。

形容词：问题解决者的、问题解决式的、指向问题解决的

1. 主要表现为具有战略性和全面性，既不伤害某一个群体又能帮助另一个群体。

2. 对人、动物和环境而言具有创新性，能带来深远的积极意义。

序　言

亲爱的 P.S.165 学校四年级的同学们：

在你们成为问题解决者的实践即将开启之际，我们希望你们知道，你们所做的事是为了在帮助改变世界的同时获得乐趣。我们是 TEAK[①] 初中 18 班的同学，刚刚开始了我们自己的问题解决式项目，感觉非常棒。我们想告诉你们，我们学到了很多东西，因为你们也在努力为世界寻找解决方案。

你们的解决方案必须对地球上的所有生物友好。无论你

[①] TEAK 是在美国纽约市开展的一项公益计划，通过提供课后学习班、暑期班和实践机会，帮助来自低收入家庭的优秀初中生进入美国顶尖的高中和大学。这些学生有机会改变他们的生活并能对周围的世界产生积极的影响。——译者注

们尝试以哪种方式来解决问题，都必须确保你们的解决方案不会伤害人、环境、动物或其他事物。一个"指向问题解决的方案"不仅仅是减少问题，它必须找到问题的根源，并从根源上解决问题。虽然这听起来像是一项艰巨的任务，但它绝对可以完成！

我们鼓励你们积极冒险，在开始让世界变得更美好的过程中记住自己的目标和激情。有一天，当回首自己给世界带来的变化时，你们将会心一笑。你们会惊奇地发现，无论多大年龄的孩子，都能改变世界！

我们祝愿你们在成为问题解决者的途中一帆风顺，并希望你们获得成功。如果你们在某些方面失败了，你们必须把失败作为跳板，继续努力。

我们希望与你们共同前行，了解你们，从而一起创造一个更美好的世界！正如诺曼·文森特·皮尔（Norman Vincent Peale）所说："射向月亮吧。即便失手，你也会落在繁星之间。”

送上衷心的祝福。

安吉拉·奥塞–安帕杜（Angela Osei-Ampadu）

纽约市 TEAK 项目七年级 18 班

目　录

引　言

我相信，我们有可能创造一个公正、健康、和平的世界，有可能发展出可持续的、人道的能源、食品、经济、交通、生产、建筑等系统，有可能消除贫困，有可能确保每个人都得到公正的对待。

我相信，我们能够学会以非暴力的方式来解决冲突，以尊重和共情①的方式对待他人和动物，我们能够减缓物种灭绝的速度，恢复生态系统。

基于三十五年的经验，我相信有一条清晰、实用、积极的路径可以实现这些愿景。这本书分享的就是这条路径。

当我们有效而明智地改革教育系统时，我们面临的问题就会

---

① 本书中多次出现的"共情"，英文对应词为 compassion，该词的含义不仅包括对他人情绪的感知或理解，也包括希望对方脱离痛苦的动机。——译者注

迎刃而解。正如圣雄甘地所说："如果我们要在世界上达到真正的和平……我们就必须从儿童开始。"儿童教育是其他社会系统的根基，为了我们的孩子和这个世界，我认为我们必须这样做：

1. 为学校教育设定一个更关切现实、更有意义的目标。

2. 让学校聚焦现实世界和问题解决。

3. 让教师做好准备以培养他们的学生成为问题解决者。

我们如果能成功实现这三个目标，就完全有理由相信我们能创造一个人人都能繁荣成长的世界。这种对教育力量的信念、对将学生培养成问题解决者的信念，来源于我作为一名仁爱教育①者的工作身份。问题解决者运用知识和技能来

---

① 仁爱教育（Humane Education）：humane 可译成"人道的"，该英文词根的含义是"人之为人最重要的品格"。孟子将"仁民爱物"视为君子之德，因此此处翻译成"仁爱教育"。——译者注

应对紧迫且艰巨的挑战，努力创造积极的变化。仁爱教育研究人类权利、环境的可持续发展和动物保护等相关的议题，目的是培养学生的共情，激发他们的友善和责任感，让他们解决问题时能够采用对所有人、动物和赖以生存的生态系统都有益的方式。仁爱教育者帮助学生获得知识、工具和动力，让他们做出有良知的选择，成为活跃的变革者，从而创造更美好的未来。

1989 年，我制订了一项仁爱教育计划，主要在宾夕法尼亚州的费城及其周边地区开展演讲、授课和校外课程。到 20 世纪 90 年代中期，我们每年为大约一万名初高中学生提供服务。在我们授课的每个地方，几乎都有年轻人渴望采取行动，成立学校社团并做出积极的贡献。

虽然看到我们的项目产生了影响，我很有成就感，但它们只是学校课程的附加选项，不是学校课程的核心。我意识到，除非美国以及其他国家的教育方式发生重大转变，否则很难解决我们面临的挑战。因此，在 1996 年，我联合创办了仁爱教育研究所（Institute for Humane Education，简称 IHE），该研究所主要为教育者提供培训和职业发展指导，这些教育者希望讲授相互关联的全球伦理议题，让他们的课程和课堂注入更多对现实的关切和意义感，以此培养学生的共情和友善，从而做好准备去解决真实世界的问题。仁爱教育研究所创建了美国第一个全面仁爱教育①的研究生课程（含教育学硕士、文学硕士、教育学博士、研究生证书课程等），现在也与安蒂奥克大学合作提供线上课程，同时还为各地的

---

① 全面仁爱教育（Comprehensive Humane Education）：仁爱教育最初是为了应对人对动物的虐待行为，提升动物福利，因此在早期的仁爱教育实践中，常见的教育目标包括：增强人的同理心，促进人对动物行为的理解，增加人与动物的联结等。随着仁爱教育的发展，仁爱教育的主题逐步涵括三个主要方面：动物保护、环境保护和社会公正，更重要的是，仁爱教育重视三者之间的相互关联，以及将三者综合考量而制订问题解决方案。因此，称之为"全面仁爱教育"。本书所言的仁爱教育，均指全面的仁爱教育。——译者注

教育者提供"问题解决者微证书课程"、工作坊、《问题解决者指导手册》以及课程方案。

仁爱教育研究所的目标包括：

- 推动教育变革，从而创设一个人、动物和自然都能生存和发展的世界。
- 为教育者和学校提供工具、资源和相应的准备，以全面拥抱和实施这些变革。
- 培养年轻一代成为有效的问题解决者，以创造健康和公正的未来。

本书旨在为这些目标的设立提供依据，并为如何实现这些目标提供思路。

问题解决式学习会带来什么成果？

12 岁的吉亚拉（Kiara）非常兴奋地来到学校。她和同学一直在探索一个问题：为什么有时候快餐汉堡和有机苹果的价格是相同的？吉亚拉发现，这个问题的答案涉及农业、政策、企业和经济等各个系统，这非常有趣。她也一直在研究影响食品成本的诸多因素，在此过程中，她不仅收获了关于审辩式思维、系统性思维、阅读理解、数学、公民参与和研究方法等方面的技能，还提高了媒体素养和对广告心理学的认识。

吉亚拉和她的同学正在制定立法提案，以回应并终止政府补贴不健康、不可持续的加工食品。他们已经与国会议员和参议员约定了会面时间。吉亚拉在准备她面见立法者时的演讲报告，并渴望与他们分享自己的知识、观点和想法。

28 岁的亚历克西丝（Alexis）刚刚获得化学博士学位，受聘于一家为电子产业开发创新材料的公司。她的研究重点是消除电子元件携带的毒素，以及当单个元件无法继续使用时，研发出可回收和可生物降解的材料。

亚历克西丝对化学的兴趣可以追溯到八年级。当时，她所在的班级研讨了学校一周内产生的垃圾有哪些价值。老师曾提问，如何通过不同的购买选择、重复使用、堆肥或者回收避免产生垃圾桶里的每一件垃圾。亚历克西丝意识到，她如果喝水而不喝果汁，或者不购买任何用塑料或泡沫塑料包装的物品，就能够减少垃圾的产生。但事实上，她非常喜欢喝果汁，也想要很多过度包装的东西。当全班同学讨论如何减少垃圾时，亚历克西丝在想，如果容器和包装能像厨余垃圾一样堆肥，变成土壤就好了。老师说这是一个非常棒的想法，并告诉她有些公司正在努力实现这一目标。

亚历克西丝联系到一位研发环保包装的发明家，表达了她有兴趣了解更多信息的意愿。通过与这位发明家对话、与老师交谈以及自己做研究，亚历克西丝对化学产生了浓厚的兴趣，并通过在学校和发明家那里的学习，她继续探究化学。在初中时期播下的种子，在后来的高中和大学时期不断生长，最终成就了她充满意义、极具价值的职业生涯。

7 岁的以利亚（Elijah）在学校附近的公园里，用手撑着下巴，趴在柔软的松针落叶上。他是如此安静，安静地聆听和观察他周围的森林动物。一只松鼠正在不远处咀嚼一朵蘑菇。他目不转睛地看着，直到一只啄木鸟的声音分散了他的注意力。他翻过身躺在地上，看着这只啄木鸟用喙猛击一棵树。几分钟后，当注意到一只小猫头鹰正睡在已被啄木鸟啄空的树洞里时，他的脸上露出了灿烂的笑容。

刚开始待在树林里时，以利亚并没有注意到这些事物。事实上，当老师第一次带他们班来公园时，他还扭扭捏捏地向老师抱怨。不过，随着时间的推移，他的观察力越来越敏锐，去公园成为他最喜欢做的事情之一。和同学回到学校后，他们分享了各自的观察和疑问。

在这天，以利亚想知道：

- 松鼠怎么消化可能对人类有毒的蘑菇呢？
- 为什么啄木鸟的大脑不会因为猛击树木而被撞坏？
- 为什么猫头鹰在大白天睡觉？

同学们提出了越来越多的疑问，然后他们通过查阅书籍、搜索网络以及与老师和在公园工作的自然学家进行交谈，找到这些问题的答案。有时候，有相同疑问的同学会组成小组一起来寻找答案。答案往往会引发更多的疑问，而每次郊游都会增加他们的知识，增强他们的好奇心，加深他们对自然界的敬畏和欣赏。以利亚和他的同学还在学习如何做出有助于保护公园和公园里的动物的选择。

18 岁的雷蒙（Ramon）是一名热衷于公正议题的高中生。在学校，他一直努力研究人类权利的议题。多年来，他已经就以下议题开展过项目研究：现代奴隶制、童工、流动农民工、女孩和妇女的权利剥夺与压迫。每次了解这些议题之后，他都会积极给其他人讲授。作为一名诗歌创作者，他曾在校内外为观众表演过他的社会公正诗歌，他在视频网站上的一些视频已被观看数万次。在高三将要结束时，雷蒙对美国的刑事司法和监狱系统产生了浓厚的兴趣。他了解到，美国的刑事司法系统实际上并不公正，美国的监禁率是世界上最高的，美国的监狱里关押着全世界 20% 以上的囚犯[1]，而这些囚犯大多是低收入的有色人种。现在，他每周都会花

---

① 摘自《世界监狱人口清单》第 10 版，由英国埃塞克斯大学的合作单位国际监狱研究中心出版。

时间跟随一位恢复性司法领域的导师实习，帮助囚犯修复他们造成的伤害，而不仅仅是让他们在监狱里服刑。他和一群同学一起，根据这些恢复性司法的实践，为学校提出了一条新的纪律政策，并被学校采纳。

雷蒙计划先上大学，然后去法学院。当被问及未来的职业规划时，他说他想成为一名法官。他希望对刑事司法系统产生积极的影响，解决该系统长期存在的种族主义和阶层歧视的问题，并将该系统从监禁和惩罚转向对受害者个人和社区整体的补偿和问责，以及让曾受监禁的人健康地重获教育，得到一份可以支付生活开支的有益的工作。他深知某些社会和经济系统会导致暴力和犯罪行为，因此他希望支持那些能够减少犯罪率的政策，同时帮助刑事司法系统真正做到公正、有效和人道，从而保护社会和个人。当被问及为何如此热衷于实现这些目标时，他回答说："我只是希望每个人都能成功。"

上述故事都来源于我认识的学生和一些取得教育成果的

学校，我对其做了一些改编。你可能认识像吉亚拉、亚历克西丝、以利亚和雷蒙这样的年轻人，他们的老师都确保其学生可以获得类似的经历、知识和技能。为了解决我们面临的挑战，我们需要有关爱之心、好奇心和上进心的年轻人，他们有机会解决现实世界中的问题。这些年轻人从哪里来？他们将来自那些做好准备并努力培育一代问题解决者的学校[①]。

改革我们的教育系统并非易事，但我相信，这是创建更加公正、和平、可持续发展社会的最重要和最具战略性的途径。因为这个世界不可避免地会变成我们所教的样子，这取决于我们每一个人，无论是教师、学校管理者、父母、祖父母、关心社会的公民、立法者、企业家或商界领袖，还是其他的专业人士，我们都应致力于改革学校教育，使其真正对得起孩子，真正对得起他们将继承和塑造的未来世界。

[①] 在我的第一次 TED 演讲"世界如你所教"中，我提出了这个概念。

第一部分

学校为什么必须改变?

学校如何改变?

教育的根本挑战是什么？

在大多数工业化国家，人们都经历过十三年的正式学校教育，因此许多人认为自己是教育的合理批评者，这也不足为奇。

人们对学校教育的看法各不相同。有些人认为，如果课程和教学法对他们来说足够好，那么对当今的孩子来说也应该足够好。也有人回忆起学校教育，认为它很大程度上令人焦虑，而且常常枯燥乏味。他们觉得当今的学习机会丰富而令人兴奋，传统的教育方法已经过时。

虽然我们对学校教育的看法或多或少受自己的校园记忆以及我们孩子的学习经历影响，但同时，我们所在的行政区域也塑造了我们对学校教育的看法。由于美国公立学校的大部分资金来自财产税的税收，因此，高收入地区的学校比低收入地区的学校拥有更充裕的资金。[1]

半个世纪以来，在美国各地的社区中，学校的种族隔离现象有增无减。[2]人人享有平等教育机会的承诺已被证明是虚幻的。一些导致社区种族隔离的种族主义行为和态度以及收入差距，都使教育不公平的现象长期存在。此外，虽然公立

---

[1] 参见阿拉娜·塞缪尔斯（Alana Samuels）的文章《好学校，富学校；坏学校，穷学校》（Good School, Rich School; Bad School, Poor School），《大西洋月刊》网站，2016 年 8 月 25 日。

[2] 参见基思·米托（Keith Meatto）的文章《依然隔离，依然不平等：关于学校隔离和教育不平等的教学》（Still Separate, Still Unequal: Teaching about School Segregation and Educational Inequality），《纽约时报》网站，2019 年 5 月 2 日。

学校的大多数学生都不是白人，但一份 2016 年的政府工作报告显示，只有 18% 的教师是有色人种。[1] 造成这种状况的原因有很多[2]，也有很多人在努力改变这种状况。研究表明，如果教师拥有与大多数学生相似的背景、种族和民族，这对学生和社区都有积极的影响。[3] 更明确地说，能充分代表各类人群的学校不仅对有色人种的学生有利，而且对所有学生、教育系统乃至全社会都有利。

对青少年带有歧视的纪律处分和"零容忍"的政策导致了学生休学和被开除，甚至有时只是出于轻微的违规行为，

---

[1] 参见美国教育部报告《教育工作者队伍中的种族多样性状况》(The State of Racial Diversity in the Educator Workforce)。

[2] 参见乔什·莫斯（Josh Moss）的文章《有色人种教师都去哪儿了？》（ Where Are All the Teachers of Color?)《哈佛教育杂志》网站，2016 年夏季。

[3] 参见安德烈·佩里（Andre Perry）的文章《黑人教师对学生和社区很重要》(Black Teachers Matter, for Students and Communities)，《海辛格报告》，2019 年 9 月 17 日。

这种现象主要发生在黑人和拉美裔学生中。这些政策导致了从学校到监狱的恶性循环。[1]虽然越来越多的学校正在采用恢复性司法的实践（如引言中雷蒙给学校提出的建议），严厉惩戒的趋势也开始扭转，但学校仍在提倡"严厉的爱"的措施。正如一位教师在社交媒体上发帖说："有人告诉我，需要以很高的期望和严格的态度来对待'这些孩子'，这让我很不舒服，我试过，但我做不到。我现在的风格是'不顾一切的爱'，我看到了他们的高成就和高成长。"

新冠疫情极大地揭示了另一些差距和鸿沟。随着学校的关闭，许多依赖于学校解决一日两餐的学生只能忍饥挨饿，而学校也急于解决为他们提供食物的问题。家里没有互联网和电脑的年轻人无法参与远程学习和线上线下的混合教学，

---

[1] 参见利比·纳尔逊（Libby Nelson）和达拉·林德（Dara Lind）的文章《从学校到监狱的途径解释》(The School to Prison Pipeline Explained)，司法政策研究所，2015 年 2 月 24 日。

而学校和教师往往也没有能力为他们提供支持。高收入家庭可以组建小课堂，聘请私人教师来教育子女，但低收入家庭却做不到。在新冠疫情期间，数百万学生完全辍学。[①] 这些暴露了深刻的不平等现象，并显示了学校和教师在解决根深蒂固的种族主义、经济不平等和教育不公平等方面所承受的重担。

回应上述议题需要我们的全情投入。同时，本书还基于一个前提——教育不仅要变得充分公平，还需要重新构想。我们的学生将生活和工作在一个技术日新月异、全球化的世界中，面对一个地球上大部分生命将面临严重威胁的未来，但是从根本上说，我们并没有让学生为未来的生活和工作做好准备。尽管我们对当前的教育提出了各式各样的批评，但

---

① 参见斯泰西·里岑（Stacey Ritzen）的文章《自疫情以来，有多少孩子没有回到学校？》(How Many Kids Have Not Gone Back to School Since the Pandemic Began?)，《鹦鹉螺号》网站。

我们往往忽略了一些最关键的根本问题以及最令人兴奋的变革机遇。例如：

- 不仅仅是许多学生在高中毕业时没有掌握必要的识字、算术和科学技能，而且是即使他们毕业时掌握了卓越的技能，当前的教育设计和目标也不是为了让他们能解决全球关键的问题，他们并没有为这个重要任务受到合适的教育或为此做好准备。

- 不仅仅是许多学生辍学，而且是这些学生往往认为学校教育无关紧要，没有任何价值；即使没有辍学，许多学生在很大程度上也脱离了学校。

- 不仅仅是存在"成绩差距"，还存在机会差距，我们仍然没有解决贫困和种族主义问题，这些正是造成差距的主要原因，而且是我们还经常使用有偏见的标准和评估工具来衡量成绩。同时，我们也未能发现和衡量许多其他重要的成就。

● 不仅仅是因为学生的成绩不达标，而且是因为标准化考试往往是糟糕的评价工具，不符合学生的真正需求，还往往与帮助学生获得他们所需的许多技能背道而驰。许多公立学校的教师被要求开展"应试教育"，他们很少有机会了解相互关联的全球议题，也很少有机会去传授对学生、国家和世界都至关重要的问题解决式思维技能。

● 不仅仅是学校里存在欺凌问题，也不仅仅是学校没有充分培养友善、责任感、共情和相关的品格，而且是在全球经济下，我们的日常生活已经与系统化的残暴、不公正和环境破坏变得密不可分。在学校，我们通常学不到日常选择如何影响地球上的其他人、动物和生态系统，我们也学不到如何以一种意义深远的方式在这个世界上变得友善和负责任。

- 不仅仅是学校里作弊现象猖獗，而且是我们过时的系统诱使学生作弊。事实知识唾手可得，学生最需要培养的是研究和协作技能，以及在审辩式、系统性、战略性、创造性、科学性、逻辑性和设计性方面的思维技能。讲授和培养这些技能最有效的方式与作弊截然相反，教师需要得到支持，将教学重点转向这些技能，并采用与此更相配的评估来减少作弊现象。

- 不仅仅是许多学生因为日程安排紧凑、作业量大、课外负担重而压力过大，而且是他们几乎没有机会将自己的所学与现实世界联系起来，没有机会发展和追寻自己所热爱的志趣，没有机会做出真正有意义的贡献和展示真正的成就。

- 不仅仅是许多学校没有成功实现所宣称的目标，而且是它们所宣称的许多目标已不再适合当今世界。

因此，当我们从媒体和政客那里听到当今学校教育存在的问题时，我们必须透过这些声音来认识和理解这些批评的局限性。我们要摒弃出于政治动机的站队，转而将目光投向那些对所有学生及其未来最有意义的教育解决方案，那些对教师职业真正有帮助的解决方案，以及那些最终对我们的孩子即将主导的这个世界最有益的解决方案。

尽管如此，我们有必要强调，许多教师、学校管理者、教学和课程设计者以及地区领导，都在努力创造学习的环境和课程，为学生更好地适应当今和未来的世界做好准备。他们虽然经常被自己无法控制的系统所阻挠，但仍然坚持不懈、充满创造性地工作着。我们亏欠这些教育工作者太多，他们值得我们全力支持。

转变学校教育的目标

在美国，目前学校教育的目标在教育部网站上是这样表述的：通过培养卓越人才和确保平等入学机会，促进学生取得成就并为全球竞争做好准备。学生在未来必须解决威胁他们的全球问题，上述教育使命对学生来说是否充分和恰当？而一个更有意义和更全面的教育使命，包括学习如何解决学生将面临的挑战，这种使命能否更好地为他们服务？

气候变化不是未来才有可能发生的事情，它现在就在发生，给人类和其他生物都带来了灾难性的影响。人口持续增长，在全世界近 80 亿人口中，有超过 7 亿人还生活在极端贫困之中，每天生活费不足 1.9 美元[1]，还有约 4000 万人[2]遭受奴役。弱势群体虽然获得了重要的法律权利和保护，但种族主义、性别歧视以及其他形式的压迫和偏见不仅存在于个人的内心和思想之中，也存在于系统性的结构之中。动物也面临着可怕的剥削和虐待。动物作为不可持续、不人道的全球食品系统中的一部分，每年都有数百亿陆地动物[3]和数万亿海洋动物[4]遭受痛苦和面临死亡。与此同时，错误信息、

---

[1] 参见世界宣明会（World Vision）对贫困的定义，"什么是贫困？"（What is poverty?）。数据截至本文撰写之时。根据 2025 年 5 月的数据，全世界人口已达 80 亿，近 7 亿人生活在极端贫困之中，每天生活费不足 2.15 美元。——译者注

[2] 参见解放奴隶网站，"历史上的奴隶制"（Slavery in History）。数据来源于 2017 年联合国国际劳工组织发布的研究报告。——译者注

[3] 参见亚历克斯·桑顿（Alex Thornton）的文章《这就是我们每年吃掉的动物数量》（This Is How Many Animals We Eat Each Year），世界经济论坛网站，2019 年 2 月 8 日。

[4] 参见网站 FishCount.org.uk，"鱼类数量估计"（Fish Count Estimates）。

虚假信息和两极分化影响了我们识别和共同应对这些以及其他挑战的能力。

尽管上述现实严峻，但我们已经看到了真正的进步，并且有了越来越多解决问题的机会。例如，全球各国人口的寿命越来越长，物质生活越来越有保障。据媒体报道，当前针对人的暴行比人类历史上的任何时候都要少。[①] 也只有在 21 世纪，我们能够与世界各地的人即时交流和合作。即使在许多陷入贫穷的国家，移动电话的普及让生活在这里的数百万人能够与世界各地的人联系，并获取人类正在创造和传播的越来越多的知识。在绿色技术、建筑、制造和生产等领域也出现了令人振奋的创新。清洁能源系统和再生农业的实践不断推广，各国人民正在为看似棘手的问题制订解决方案。这在很大程度上要归功

---

① 参见哈佛大学教授史蒂芬·平克（Steven Pinker）的著作《我们天性中更好的天使：为什么暴力已减少？》（*The Better Angels of Our Nature: Why Violence Has Declined*）。

于教育系统的积极变革，年轻人的种族主义、性别歧视等在不断减少，慈善意识和环保意识也在不断增强。

换句话说，当今世界给我们的孩子带来了前所未有的挑战和机遇。在获取关切现实的信息、分享知识、共同应对挑战、创造一个更加公正和健康的世界方面，我们的能力是真实的，且在不断提高。是的，我们面临着潜在的灾难、系统性的不公正和普遍的残酷；是的，通过恰当的教育方式，我们可以解决这些问题。鉴于所有这些因素，学校教育难道不应该确保学生了解他们面临的严峻挑战？难道不应该让学生为应对这些挑战做好准备？难道不应该培养学生的能力和意愿，为可能带来灾难的全球问题创造出有意义的解决方案？

亨利·戴维·梭罗（Henry David Thoreau）曾经说过："一千人在砍着罪恶的树枝，只有一个人砍伐了罪恶的根。"[1]

---

[1] 参见《瓦尔登湖》，徐迟译，上海译文出版社，2006 年。——译者注

儿童教育是其他社会系统的根基，我们必须重新审视和转变学校教育的目标。如果学校教育真的成功实现了让毕业生都能在全球经济中有效竞争的使命，那么这些年轻人很可能会让我们面临的全球问题持续存在，甚至可能让问题升级。但是，如果我们的教育使命对我们的孩子和他们的未来负责——培养他们成为一个公正、人道和可持续发展的世界的参与者以及知识渊博的问题解决者，我们就会有一个目标，以此推动我们迈向一个有深刻意义的、关切现实的教育，它让年轻人和地球上的所有生命都受益。当孩子获得了知识、技能和动力，能够有效地应对和解决他们从事任何职业与工作时面临的问题，他们就更有可能获得成功和幸福。正如危害我们世界的东西会危害我们的孩子一样，有益于我们世界的东西也会有益于我们的孩子。这就是我们必须致力于培育一代问题解决者的原因。

我们应该教什么？

鉴于全球化的进程、不断进化的技术、瞬息万变的工作机会以及岌岌可危的地球环境等现状，重新评估学生所学的知识和技能组合尤为重要。以初学者的眼光看待这件事会有所帮助，它让我们不受传统学科划分、内容领域和技能发展的束缚。目前，关于任何事物的信息几乎唾手可得，那么在一天有限的时间里，学生应该掌握哪些基本知识和技能？为什么要掌握这些基本知识和技能？问题的答案应当与时俱进。曾经很有价值的技能组合在当今世界可能已不是必需，而其他技能组合现今却至关重要。今天重要的知识在未来几十年内可能会被其他知识取代。因此，死记硬背已经过时，可迁移的技能、理解能力和思维习惯非常重要。

　　一个思想实验能迅速说明如果主要关注教育的内容所存在的问题。你认为，以下哪些是所有美国学生都应该学习的科目，当然，以下一般科目之下还有无数的子课题，也会引发相同的疑问。

　　生物学，化学，物理学，生态学和环境科学，地质学，植物学，营养学，真菌学，天文学，神经科学，人类和动物行为学，海洋学和海洋科学，气候科学和气候变化，工程学，计算机科学和技术，古代史，美国历史、公共管理和公民学，各大洲、地区和国家的历史，殖民历史，美国原住民历史，战争、和平和非暴力运动的历史，种姓制、奴隶制、种族主义、反犹太主义、性别歧视及其他形式的偏见和压迫的历史，历史上的英雄领袖和变革推动者，改变历史的发明，古今人类历史概述，艺术史，地理及其对文化的影响，世界宗教，几何，代数，微积分和三角学，统计学和概率论，人类学，考古学，心理学，社会学，货币和经济学，社会企业家精神，美国和英国文学，戏剧，神话，视觉艺术，诗歌，音乐，世界语言，世界文学翻译，古典学，哲学，逻辑学和认识论，争取公正和权利的运动，媒体、虚假信息和阴谋论，身心健康，我们选择的产品、食品和服装的真正代价，全球化世界中可持续的和道德的生活。

阅读这份清单时，你有什么想法和感受呢？我希望你感到困惑和不确定，也许是不知所措，我希望这份长长的（但绝非详尽无遗的）清单能让你对目前美国学校教授的基本科目产生疑问，我也希望你会思考我们为什么要教授这些科目。

我相信，学校的必修课程应该因人们生活的地点和可获得的机会而不同，学生应该对许多科目都略知一二，但比具体内容更加重要的，是我们要教给学生的技能。相比选择有限、具体的科目进行学习，更重要的是学生懂得如何仔细研究、评价各个科目以及融会贯通。

有许多基本的认知过程和技能帮助学生在生活中取得成功、解决问题并不断学习。随着这些技能和能力的发展，学生可以学习上述清单中的任何科目以及他们感兴趣的重要主题。正如史蒂夫·珀尔曼（Steve Pearlman）在《美国的审辩式思维危机》（*America's Critical Thinking Crisis*）一书中写道："如果学生缺乏思考能力，任何学科都无足轻重。"

以下是我认为当今世界年轻一代必备的十二项基本技能和认知能力。[①] 他们必须能够：

———————

① 本书附录中有一份更长的清单，列出了问题解决者必备的技能、情感和品格。

1. 有效地阅读、写作和交流。

2. 理解数学概念和统计数据，并进行基本运算。

3. 理解并运用科学方法。

4. 开展有效的研究，评估研究的准确性并分析数据。

5. 进行审辩式、战略性、逻辑性、分析性、科学性和创造性思考。

6. 理解各种系统，并认识到造成问题的许多原因是相互交织的、系统性的。

7. 制订并实施方案来解决相互关联的问题，并且在此过程中避免无意识的负面影响。

8. 倾听和评估多种观点，并能采用不带敌意或暴力的方法解决冲突。

9. 有效地使用技术，并理解各种算法和平台的运作方式如何操纵和孤立人们、传播错误信息、导致不加批判的思维。

10. 独立和协同工作。

11. 自我反思、自我管理和自我评价。

12. 以共情来行事，做出并接受给自己和他者①带来"最多益处、最少伤害"的选择。

在确定了当今年轻一代最需要的技能和认知能力之后，我们就可以开发合适的课程。由于不能简单地在已经很满的课表上再增加新内容，我们可以重新审视目前在传统课程中讲授、培养和评价的内容，是否回应了重要的技能和认知能力。总结来说，为了我们的孩子、社会以及世界获得最佳利益，在开发课程、设计教学方法和打造校园文化时，我们应

---

① 本书中多次提到"他者"，英文对应词为 others，作者认为的"他者"并不等同于"他人"，不仅包括他人，还包括其他非人类的动物、其他物种及自然环境。——译者注

该同时：

- 培养情感和品格，如共情、好奇心、责任感和诚信。

- 注重核心技能和思维能力，能让学生在他们生活的世界中探索、取得成功并做出贡献。

- 讲授大多数人都认可的、对当今世界至关重要的学科课程。

- 提供众多学科的入门课程，使学生能够接触到广泛且有价值的话题，并为跨学科思考做好准备。

- 确保学生有能力将知识和技能从一门学科迁移到另一门学科。

- 为个性化的课程和教学法创造空间和时间，让所有学生都能在学校里追寻自己的兴趣、关注点和天赋。

- 让学生能够培养并呈现他们的创造力，保持身心健康。

- 建设充满尊重、理解、换位思考和合作的社区。
- 培养用问题解决式思维来思考和行动的能力。

让我们头脑中想着这些技能，再回到上述长长的学科清单中提到的内容领域。当学生掌握了技能，他们就能学习任何重要的或感兴趣的科目，那么，哪些内容是所有美国学生必须掌握的？此时此刻，在我看来，以下内容似乎尤为重要：

- 古今人类历史概述
- 美国历史、公共管理和公民学
- 种姓制、奴隶制、种族主义、反犹太主义、性别歧视以及其他形式的偏见和压迫的历史，以及争取公正和权利的运动
- 气候科学和气候变化

- 生态学、生物学和心理学

- 媒体、虚假信息和阴谋论

- 全球化世界中可持续的和道德的生活方式

- 逻辑学和认识论

- 身心健康和营养学

- 货币和经济学

- 统计学和概率论

- 接触和学习各种艺术（诗歌、音乐、戏剧、舞蹈、视
  觉艺术等）

在你看来，什么内容是最重要的呢？

什么是问题解决式思维？

要成为问题解决者，学生首先要透过问题解决式视角来看待他们在世界中觉察到的以及在学校中学到的问题。这意味着他们：

- 看到问题是可以解决的

- 接纳他人的观点

- 专注于解决方案

- 意识到问题不是孤立存在的

- 寻求合作
- 寻找方法以确保解决方案不会伤害到他人、动物或生态系统

透过问题解决式视角，学生就可以培养和锻炼"问题解决式思维"，主要包括：

- 审辩式思维
- 系统性思维
- 战略性思维
- 创造性思维

审辩式思维

审辩式思维是问题解决式思维的基础。没有辨别力，没

有确定事实、辨别错误和虚假信息的能力，没有推理、分析数据和评价自身思维过程的能力，我们就无法积累必要的知识，从而有效地解决问题。

审辩式思维到底是什么？审辩式思维基金会（Foundation for Critical Thinking）将其定义为"积极、熟练地从观察、经验、反思、推理、交流中生成或收集信息，并对这些信息进行有意识地概念化、应用、分析、综合及评估的智力过程，以此为信念和行动的指南"。[1]审辩式思维具有挑战性。大多数人（包括我）都不够精通审辩式思维，即便它是学习的基础，教育工作者也很少能做好准备去讲授审辩式思维。

我们如何知道我们所知道的？我们如何知道我们的星球已有几十亿年的历史以及我们是由原子组成的？我们如何知道 1918 到 1919 年的大流感造成的死亡人数超过了第一次世

---

[1] 有关审辩式思维的更多信息，请参阅审辩式思维基金会网站，"定义审辩式思维"（Defining Critical Thinking）。

界大战？我们如何知道物种大灭绝正在发生？我们如何知道数百万儿童正如奴隶般地生活和工作？我们如何知道非人类动物 [1] 在工业化的农场和实验室中经受疼痛和折磨？

很少有人直接用证据来证实上述说法。相反，我们依靠信任的研究、专家和新闻报道来得出推断。我们还依靠众多来自不同领域、受过教育的人来共同验证假设和理论的正确性，并准确地报道历史事实和当前事件。

然而，不幸的是，我们可能会基于自己已经建立的信念系统，相信不合理、极具偏见的信息来源。年轻一代需要学习如何尽最大可能寻找和评估证据，从而发现什么是事实。当他们的信念受到相反证据的挑战时，他们还需要学会忍受认知失调带来的不适。对我们而言，应对认知失调具有挑战性，因为无论证据多么有力，我们都不愿放弃自己最深

---

[1] 非人类动物是一个固定表达，强调人也是一种动物。——译者注

的信念，而且往往证据越充分，我们对错误信念的执着越深。基于以下两点原因，在学校里要应对认知失调更具有挑战性：

1. 为了让年轻一代学会对自己的假设和信念进行审辩式思考，教师必须身体力行、积极示范，但这通常不是教师的工作内容和要求，也不属于他们培训的内容。

2. 如果年轻一代善于审辩式思考，他们的思维方式可能开始变得与父母不同，而父母可能并不喜欢自己的孩子挑战家庭观念或信仰。父母的不满可能会转化成对教师和学校的批评，因此，许多学校会尽可能让其课程没有争议，以避免冲突。

在巴拉克·奥巴马（Barack Obama）担任美国总统期间，我曾应邀到一所中学做演讲，主题是学习做出给自己和他者带来"最多益处、最少伤害"的选择。在演讲过程中，学生就我提的问题分享了他们的看法，我问："世界上最大的问题是什么？"一个男孩说："战争。"我对战争是个问题的认可让校长感到震惊，他担心这种说法会激怒那些退伍军人或在伊拉克、阿富汗作战的家长。讽刺的是，正是士兵和退伍军人比大多数人更清楚战争是个问题。

值得一提的是，没有家长对我到访他们孩子的学校表示担忧。学生告诉校长，他们学到了以下知识：

- 将自己的选择与这些选择对他者产生的影响联系起来很重要。
- 每个人都应该努力践行我们引以为豪的理念。
- 奉献会增加自己的快乐。

我之所以讲述这个故事，是因为它代表了许多学校管理者和政治家的一种倾向——不鼓励可能被认为是稍有争议的教学。例如，2015 年，美国西弗吉尼亚州众议院议员提出一项法案（编号 HB 2107），禁止教授"社会问题、经济学、外交事务、联合国、世界政府、社会主义或共产主义，直到完成美国各州和地方的地理及历史的基础课程"。如果该法案通过，违规教师将被指控品行不端并处以罚款，然后被解雇。

这种立法让我们深感忧虑。可以想象，学校只在高中高年级教授这些先修课程，这样一来，学生在大部分的求学生涯中都无法在课堂上讨论重要的全球和社会议题——即便是那些已经在新闻中广为报道的议题。讽刺或许也悲哀的是，很少有什么地方比学校更适合解决和处理"社会问题、经济学、外交事务"以及一些与孩子的生活相关的、有争议的或没有争议的议题。学校和教师可以为开展调查、研究和分析提供一个最佳的场所，以便学生在此借助有争议的议题塑造新的想法，并为那些常被认为是非此即彼的问题制订有意义的解决方案。只要话题符合学生的年龄特征，教师和管理者也注意不以自己的偏见对学生产生潜在的影响，那么，将争议从两极分化的阵营转化为有益于所有人的问题解决过程，对学生来说就是一个绝佳的挑战，并让他们有可能为社会做出真正的贡献。此外，如果年轻人要成为问题解决者，就必须允许他们探索和处理有争议的议题。关于年轻人在解决我们这个时代最严重的问题时所展现的力量，我最喜欢的一个例子是约翰·亨特（John Hunter）老师的"世界和平游戏"（World Peace Game），在这个游戏中，四年级学生想出了带来和平的解决方案。[①]

解决争议的关键是能够确定什么是真正的事实。有争议的议题往往源自对事实的不同看法，因此，学习如何从猜测、虚假信息和错误信息中辨别事实必须成为学校教育的一

---

① 参考约翰·亨特在 2011 年 3 月的 TED 演讲《世界和平游戏教学》（Teaching with the World Peace Game）。

个基本目标。在媒体中，包括传统媒体、非传统媒体、右派媒体、左派媒体和社交媒体，各种观点、看法、伪科学声明、非法阴谋论等与有效的研究、谨慎的新闻报道、真正的科学和实际的阴谋争夺大众的注意力。为了熟练使用这些媒体，学生需要成为善于审辩式思考的人，能够随时随地挑战偏见，包括他们自己的偏见。

当人们积极主动地追寻信息、获取知识时，他们往往希望与他人分享自己的新观点。有时，他们会带着审辩式的态度，而不是审辩式的思维，一旦出现这种情况，学习和思考都会受到影响。教师需要确保在课堂上开展相互尊重的对话，并增强良好的沟通和倾听技巧。学生需要感受到自己可以公开表达意见和信仰，没有人会因为有不受欢迎的想法和观点而被边缘化。家长想看到，具有不同价值观或观点且有说服力的教师不会给孩子带来不当影响，课堂也不会成为不尊重他人信仰、价值观或文化传统的场所。

系统性思维

由于世界上的生命——无论是生态的还是社会的生命——都依赖于相互关联的系统，因此，成为一名问题解决者还必须要成为一名系统的思考者，能够识别导致我们面临挑战的相互关联的因素。随着时间的推移，我们在科学、公共管理、食品生产、医疗保健、经济等领域取得了积极的创新和革命性的突破，但也形成了根深蒂固、相互关联的系统，这些系统已经造成并将继续造成不断升级的问题。许多最有效、最高效、最强大的系统虽然带来了巨大的机遇和自由，也减轻了巨大的痛苦和不公正，但是，当前的能源、生产、交通、农业、政治和经济系统使我们面临的许多挑战和危机也长期存在。

试图孤立地解决一个问题，可能会加剧由各种系统紧密相连的其他问题。为了避免产生不完备的解决方案，或者在帮助一个群体时损害了另一个群体的利益，我们必须考虑到每个人的利益，即使这并非易事。以下是美国采用的一些解决方案的例子，这些解决方案在帮助缓解一个问题的同时，也加剧了其他问题：

- 当我们努力扩大经济规模，为人民创造更多繁荣的同时，也造成了更多的资源枯竭和更大的污染。

- 当我们发展各种系统来提高粮食产量和降低粮食成本时，却产生了破坏环境的农业实践，带来了流动农民工在农场里没有保障的低薪工作，以及残忍的、高污染、资源密集型、封闭式圈养动物模式。

- 为了更好地参与市场竞争、降低消费者成本、增加公司收入，我们将生产外包给发展中国家，但无法有效地监督工人的工作条件，无法保证为我们生产服装、食品、电子产品等物品的其他国家的工人获得合理的酬劳、公正的待遇和安全的工作环境。此外，现代供应链体系也很难保证我们购买的商品在生产过程中不奴役他人。

● 为了保证进入我们环境中的化学制品的安全性，数百万只有感知能力的动物接受了痛苦的毒性试验，试验中这些动物被强迫喂食的化学品剂量足以致死。

解决和改变根深蒂固且相互关联的系统具有挑战性。当整个社会围绕着某些系统（如集中式能源电网）建构时，从占主导地位的系统（如化石燃料）转向不那么集中的系统（如太阳能、潮汐能和风能）就变得很难。当许多系统（如教育、住房、银行或贷款、监禁、选举）中都普遍存在压迫和偏见的结构形式时，如果不同时考虑所有相互关联的系统，就很难创建一个公正的社会。

因此，为了培养年轻人能够全面深入地思考相互关联的挑战，以便系统而明智地解决问题，我们必须教育他们建立事物之间的关联，在解决现有问题的同时，寻求不会引发新问题的答案。学生需要能够理解复杂的相互关联的系统，精准评估，并成为系统的思考者和变革者。

战略性思维

审辩式思维和系统性思维为深入理解一个问题及其对人、动物和环境的影响奠定了基础，也为识别出受这个问题及其支持系统持久影响（包括负面和正面）的利益相关者（包括人类和非人类）奠定了基础。要进入解决问题的阶段，我们需要培养和锻炼战略性思维。我们会提出很多解决问题的想法，其中一些想法会比其他想法更具战略性。学会战略性思维，就更有可能成功实施有效的解决方案。

战略性思维涉及识别出实用、有力的杠杆点，通过这些杠杆点，一个战术性的改变可以产生深远的影响。学生对问题原因的调查越深入，他们就会发现系统之间的更多关联。他们不仅会发现社会系统和生态系统之间相互关联、相互增强的方式，还会加深对问题根源的理解，如思维方式、信念系统以及促使我们创建这些系统的心理因素。

当学生学习识别解决问题的最有效策略时，他们会寻找最深层的杠杆点——在那里，一个微小的变化可能会引发一连串的积极结果。然而，最深层的杠杆点往往位于人类心理学和生物学的根源层面，很难或不太可能改变。例如，如果我们想解决儿童肥胖率不断上升的问题，那么消除儿童对高脂肪、高热量食物的渴望将产生巨大的成效。但这是一个不切实际的杠杆点，即便它会产生深远的影响，却也很难实现。另一个极端是放弃深层次的杠杆点，在问题层面上采取简单的解决方法——这也不是特别具有战略性。例如，倡导超重儿童控制节食看似是一个解决问题的办法，但我们知道节食并不是特别有效。

更具战略性地解决这个问题的方法是应对以下系统，包括：

- 允许向儿童宣传不健康的食品。
- 持续将高脂肪、低营养的食品纳入学校午餐计划。
- 允许为不健康的食品提供税收补贴，使其成为家长可以购买的最便宜、最容易获得的食品。
- 限制低收入社区获得各种负担得起的新鲜蔬菜和水果。
- 不对家长进行儿童营养教育。

创造性思维

审辩式思维通常需要通过集中分析和评估来查明真相，而创造性思维往往发生在我们不寻求"正确答案"的时候，发生在我们对任何想法都持开放态度的时候，发生在我们处于游戏和放松状态的时候。创造性的冲动与生俱来，但是在学校里却常常被埋没。学校越多地删减艺术课程（无论是视觉艺术、写作艺术、戏剧艺术、舞蹈艺术、即兴表演艺术还是音乐艺术），学生就越少有机会发掘创造力，他们的灵感和创意也难以流淌而出。

就成为问题解决者而言，创造性思维包括用创新的和非传统的方式解决问题，提出别人没有想到的想法，或用新的方式将知识、技能和流程从一个领域应用到另一个领域。创造性思维的实现不仅可以通过设计创新的解决方案，而且可以通过发现已经存在但尚未实施的想法，这些想法因为受到根深蒂固的系统的阻碍而未被采纳。拥有创造性思维的人可以出谋划策来改造这些系统，让现有的问题解决式想法生根发芽。

战略性思维和创造性思维既可以单独锻炼，也可以同时锻炼。团队头脑风暴往往会产生令人兴奋的想法，并在团队成员中引发其他想法。提炼这些想法当然可以单独完成，但最成功的方法往往是通过合作。当学校有意识地创造机会让创造性思维蓬勃发展时，不仅每个师生都会充满活力，他们还能发现并实施潜在的问题解决方案，防止有创意的想法流失。

虽然审辩式思维、系统性思维、战略性思维和创造性思维不是以线性的方式产生，但这四种思维方式之间可以依次相互促进，从而使人成为更成功的问题解决者。没有审辩式思维作为基础，产生和发展系统性思维就会变得困难；没有审辩式思维和系统性思维的共同作用，战略性思维可能无法成功地推进指向问题解决的最优想法；没有前三种思维，创造性思维就可能缺乏基础，人们无法发挥想象去思考和推进最佳解决方案。因此，我们如果想培育下一代问题解决者，就要通过学校教育对这些思维方式进行辅导、锻炼和培养。

哪些教育系统需要改变？

学校内部本身就有许多系统，但我们很少将其作为一个社会系统来研究，这往往是因为我们默认为这些系统的建立是经过深思熟虑的。以下是美国一些常见的学校系统和做法。在阅读每一种系统和做法时，请问一问自己，这种系统和做法是否最有助于培养学生为未来做好准备，以便他们能够有效地参与创造一个更加可持续发展的公正的世界。

这些系统和做法有：

- 将我们所教的核心学科划分为数学、科学、语文和社会研究？ ①

- 在整个学校教育阶段，以相同的方式将基本相同的东西教给相同年龄的学生？

- 将教学单元划分为短暂、具体和可预测的 45 分钟左右时间段？

- 将一天划分为若干节课，每节课之间没有特别的关联？

- 主要通过标准化考试和分数来评价学生的学习？

- 根据学生的标准化考试成绩来评估学校和教师？

- 主要通过财产税来支持公立学校的费用？这有利于居住在较富裕地区的学生，却限制了生活在高贫困率地

---

① 芬兰已经放弃了这种分科教学的系统。参见佩妮·斯皮勒（Penny Spiller）在 2017 年 5 月 29 日撰写的报道《学科很快会成为过去吗？》（Could Subjects Soon Be a Thing of the Past?）。

区的学生。

- 周一至周五上课，从上午 8 点左右开始到下午 3 点左右结束，然后放暑假？

- 几乎只在教学楼里、围墙内学习，实地考察很难得且与课程截然不同，学生也少有机会去实习或得到师徒制的指导？

- 在学校中，避免将民主视为值得效仿和实践的组织与决策原则？

上述这些普遍存在的系统和做法由来已久，如果我们要以最佳方式教育年轻人，让他们在当今世界中扮演重要角色、承担重要责任，那么每一种系统和做法都值得重新审视。本书的第二部分提出了一些想法，以推动建立新的更关切现实、更有意义的教育系统和教学方式，为学生的未来做更好的准备。

　　好消息是，许多学校、教师、行政人员、课程和教学设计人员以及家长都在改变他们的学校，并开发创新的课程和教学方法。然而，这些举措通常不被视为值得在州或联邦政府层面大规模推广。此外，教师即使致力于教育学生成为关注真实世界的问题解决者，他们往往关注单一的维度，而不是教育学生找到对所有人、所有物种以及对维系所有生物的生态系统都有益的解决方案。学校改革千头万绪，但其性质和愿景未必全面。因此，现在是时候去想象和开发课程、教学方法，建设相应的学校，让它们既能满足学生个人的需求，又能使学生为所有生命的繁荣未来做出贡献。

第二部分

培育年轻一代成为问题解决者

从自己开始

培育他人成为问题解决者，首先需要教育工作者培养自己的问题解决式态度并锻炼问题解决的技能。不精通数学就不会教数学，不了解历史就不会教历史，不理解科学就不会教科学。因为本书旨在帮助人们培育他人成为问题解决者，所以很重要的一点是，教育工作者应该在教学过程中不断实践，以发展个人的专业知识。

问题解决者不仅会解决问题，在以下方面也很积极：

- 识别不可持续、不人道和不公正的系统。

- 制订并实施"基于系统的解决方案",从而为所有人、动物和环境带来"最多益处、最少伤害"。

- 努力做出共情、负责任的选择,支持公平、人道、健康的系统。

由于我们无法轻易摆脱那些对人不公、对动物残忍、对环境破坏的系统,上述最后一点对成为问题解决者设置了很高的标准,但我们可以尝试。我们可以尽最大努力审视自己的选择,并通过我们的日常选择和公民行为,努力对他者(包括其他物种)践行友善、共情和负责任的理念。我们可以培养一种用开放的心态去学习的意愿,反省我们的选择产生的影响,并朝着对自己的选择更加负责的方向前进。

上述前两点说明了问题解决式流程。本书的附录里有这一流程的简略版,仁爱教育研究所编制的免费电子版《问题解决者指导手册》对其进行了全面介绍。我邀请你选择一个你关心的问题，然后走一遍"问题解决式流程"。

在此过程中，你将锻炼自己的问题解决式思维，为指导他人做更充分的准备。有可能走完一遍这个流程之后，你将对创造一个更健康、更公正的未来感到充满力量、活力和热情——这让我想到下面这个重要的目标……

教导学生相信，一个公正、健康、和平的世界是可能实现的

几年前，我在一所公立的数学和科学学院为教育工作者举办了一场专业发展工作坊，他们的学生来自十至十二年级。我用一个问题为引子开启工作坊："50 年后，我希望世界……"第一位举手的教师回答说："还在。"当我问其他人是否也有同感时，几乎所有教师和课程研发人员都举起了手，他们大多对未来不抱希望。

一种无望的感受会如何影响教与学、教育目标与成果

呢？虽然希望并不是带来问题解决式思维和行动的先决条件，但是如果没有希望，就需要一种特殊的纪律和诚信才能促成解决问题的实践。毕竟如果我们不相信根深蒂固的问题能够得到解决，又何必费力去这么做呢？

感到无望的不仅是教师。2012 年，我曾在美国康涅狄格州的一所独立学校① 给五、六年级的学生做演讲。学生分享了一系列的全球性挑战，我把它们记录在白板上。我提出，他们如果能想象我们已经解决了之前提出的问题，请举手。在场约 45 名学生中，只有少数人举起了手。这是我教育生涯中最不安的时刻之一。我心想：如果连这些学生都无法想象我们可以解决问题，那么他们还有什么动力去尝试呢？

我知道我必须做点什么给这些学生一些希望，于是，我让他们闭上眼睛，舒服地坐着，做几次深呼吸，想象自己年

---

① 该校属于康涅狄格州一个富裕社区的私立学校。

事已高，即将走完漫长而美好的一生。接着，我描绘了一个健康、人道的未来，一个有清洁的空气和水、没有战争和贫穷、没有对人和动物压迫的世界。这个图景与本书开头描绘的相似。然后，我让他们想象一个小孩向自己走来。这个小孩在学校学习历史，他想了解世界如何产生了如此巨大的进步。这个小孩问："在给我们创造的这个更美好的世界中，你发挥了什么作用？"最后，我请学生在脑海中回答这个小孩的问题。当他们还闭着眼睛时，我提出，现在他们如果能想象我们已经解决了问题，请举手。这一次，只有少数人没有举手。这说明，无望和愤世嫉俗的情绪可能并不深入人心，相信创造美好未来的力量蕴藏在表象之下，只待被唤醒和鼓舞。

尽管如此，多年来，年轻人中抑郁和自杀的人数一直在上升。作为教师、父母、祖父母、导师和一个更加和平世界的倡导者，我们有责任培养年轻人切实的希望感和不盲目的乐观主义，鼓励并支持他们做出有意义的努力，参与积极的变革。这对他们和这个世界来说都极其重要。

2016 年，我在墨西哥的瓜达拉哈拉市对一群五年级学生做了一次演讲。就像我之前在康涅狄格州的学校做的那样，我问这些学生，他们能否想象我们可以解决这世上我们面临的问题。学生立刻举起了手。与之前相比，这些学生有什么不同呢？我注意到，主要区别在于他们在学校接受的教育内容和方式。墨西哥的这所学校中，教师以适合学生年龄的方式讲授环境问题，并让他们参与解决这些问题。在学生的参与下，学校安装了太阳能电池板，为食堂的厨余垃圾建立了堆肥系统，并用大号水罐替代一次性的单个塑料水瓶，方便学生用自己循环使用的水壶接纯净水。此外，这些学生还致力于解决学校外的问题。他们明白，问题是可以解决的，因为他们有解决问题的经验。

"相信美好未来是可能的"这一信念能增强希望。希望是行动的动力，行动又会带来更强的希望，从而形成一个强有力的正反馈循环。歌手兼作曲家琼·贝兹（Joan Baez）曾经说过："行动是绝望的解药。"生态教育家大卫·奥尔（David Orr）教授这样表述："当卷起袖子大干一场时，希望变得切实可行。"

为了给万物创造一个人道和健康的世界，我们需要修复许多遭受破坏的环境，改造许多系统，眼前的工作有时看似艰巨，却是可行的。我想，如果我们培育出一代问题解决者，眼前的工作将变得更加可行。然而，为了激励更多的问题解决者，并提高成功的可能性，我们必须致力于让学生相信，一个公正、人道和健康的世界是可能的，并通过我们自己参与公民事务与变革，为他们树立榜样。如果我们以此为前提来开展教育工作，学生就有充分的理由满腔热情、全身心地投入他们眼前这份令人兴奋、充满希望和有意义的工作中。在这个过程中，他们会从内心深处认识到，他们的所作所为很重要。当年轻人协同合作，成功地投身积极变革的创造中，他们也会感受到喜悦和热情，这是由于他们参与超越自我的伟大事业并做出了有意义的贡献。我由衷地希望，届时我们将看到年轻人的抑郁和自杀率有所减少。

万物之间有着千丝万缕的联系，每个人都要为自己的选择和万物共同的未来负责

马丁·路德·金（Martin Luther King, Jr.）在 1963 年的《伯明翰狱中来信》（*Letter from Birmingham Jail*）中写道："我们陷入了一个无法逃脱的关联网络，被拴在由命运织成的同一件衣襟中。"这句话虽然是专门为种族正义而写，但它也适用于所有相互关联的系统。如果我们粗心地忽视了"关联网络"，我们的社会选择就会产生负面影响。

例如：

- 2008 年，美国银行发放堪称掠夺的次级住房抵押贷款给那些无力负担的人，然后捆绑成可交易的商品，导致全球经济崩溃。

- 根据世界卫生组织的数据，2019 年底，新冠病毒在短短几个月内蔓延至各个国家，在 16 个月内造成 300 万人死亡。

- 美国等化石燃料消耗大国排放到大气中的温室气体正导致海平面上升，威胁全球沿海城市和岛国。

- 由于对食用的动物滥用抗生素，以及在人的处方中过量和不当使用抗生素，细菌对抗生素的耐药性不断增强，危及世界各地人们的健康。

虽然意图很重要——只有一小部分人是有意伤害他人——但无论是否意识到后果，我们的选择都可能造成痛苦和破坏。因此，学校教育应该让学生认识到我们的生活相互关联，我们对自己选择产生的影响负有责任。只教学生做到近距离的友善（善待与他们直接交往的人）确实不够；在当今世界，也应该教学生以及我们自己，如何通过我们的选择做到友善，并为每个人争取公正。

为了展示我们如何教学生感知万物之间的关联并进行系统思考，我向大家介绍"真实的价格"（True Price）这个活动。[①] 该活动聚焦问题解决，培养学生的审辩式思维和系统性思维，可根据学校的不同学科（包括语文、科学、数学和社会研究）调整其内容。在"真实的价格"这个活动中，学生就日常物品（如衣服、电子设备、食品、饮料等）提出以下问题：

1. 这个物品对我、其他人、动物和环境有哪些正面影响

---

① 该活动方案可以在仁爱教育研究所的网站（humaneeducation.org）下载。

和负面影响？

2. 有哪些社会系统 (如经济、生产、交通、政策、能源、医疗保健、农业、教育、广告媒体等) 在支持、促进和延续这个物品？

3. 有哪些替代产品能给我、其他人、动物和环境带来更多益处、更少伤害？

4. 要让替代产品成为常态，需要让哪些系统做出何种改变？并且，我可以采取哪些指向问题解决的行动，来创造这种系统性变革？

下面，我将用一种在大多数工业化国家都很常见的食品——快餐汉堡来展示如何开展这个活动。在下文中，我只触及了"真实的价格"的表层问题，因为真正回答这些问题涉及一个漫长的研究和调查过程。我分享提出和开始回答这些问题的过程，目的是提供一个例子，以此说明学生如何学习和理解日常选择与生态系统和社会系统的关联，以及如何让学生对这些选择和系统带来的影响产生共情和责任感。

"真实的价格"例子：快餐汉堡

快餐汉堡对我、其他人、动物和环境有哪些正面影响和负面影响？

快餐汉堡的正面影响显而易见，学生也不难表述。快餐汉堡不贵而且能填饱肚子，快餐汉堡既美味又方便。快餐汉堡的广泛生产为数百万人创造就业机会并实现财富增长，包括那些将退休基金投资于快餐企业的人（不管他们是否知情）。

但与此同时，快餐汉堡有许多负面影响：

- **不健康**：它们富含饱和脂肪、钠、胆固醇、热量，有时还含有化学残留物，纤维含量低。有确凿的证据表明，经常食用快餐汉堡可能会导致心脏病、中风、体重增加、肥胖、2 型糖尿病及某些癌症。[1]

- **破坏环境，造成浪费**：根据 2006 年联合国粮食及农业组织的一份报告，肉类生产对气候变化的影响比运输和工业都要大。[2] 最近的研究表明，除非我们改变农业生产方式，否则可能无法充分减少全球碳排

---

[1] 参见马克·比特曼（Mark Bitman）的文章《汉堡的真实成本》(The True Cost of a Burger)，《纽约时报》网站，2014 年 7 月 16 日。

[2] 参见内森·菲亚拉（Nathan Fiala）的文章《肉类如何导致全球变暖》(How Meat Contributes to Global Warming)，《科学美国人》网站，2009 年 2 月。另见联合国环境规划署 2010 年报告《评估消费和生产对环境的影响》(Assessing the Environmental Impacts of Consumption and Production)。

放。[①] 肉类生产还造成了严重污染，表现为饲料作物被喷洒杀虫剂和施以化肥，这些有害物质以动物粪便或直接流出的形式造成污染；而且相比于植物蛋白的来源，肉类生产需要大量的土地、水和化石燃料。

- **不人道**：许多碎牛肉来自不能再产奶的奶牛。这些奶牛每年都要受孕，它们的幼崽在一天之内被带走，这样我们就能喝到它们的奶。这些奶牛被迫产出高于其自然产奶量五到十倍的奶，这常常导致乳腺炎和其他疾病，因此必须在其饲料中添加抗生素。这些奶牛没几年就被利用耗尽，然后被送往屠宰场。屠宰场的生

[①] 参见迈克尔·克拉克（Michael Clark）、尼娜·多明戈（Nina Domingo）和金伯利·科尔根（Kimberly Colgan）等人的文章《全球粮食系统排放可能阻碍实现 1.5℃ 和 2℃ 气候变化目标》(Global Food System Emissions Could Preclude Achieving the 1.5℃ and 2℃ Climate Change Targets)，《科学》网站，2020 年 11 月 6 日。

产加工线速度极快，有些奶牛甚至还没失去知觉，就被倒吊起来割喉宰杀。屠宰场的工作通常对员工来说也不人道，不仅工作环境危险，许多员工还是无证劳工，没有医疗保险，在人权受到侵犯时也没有资源求助。

支持、促进和延续快餐汉堡的社会系统是什么？快餐汉堡引发了各种问题，但由于多种系统（如能源、农业、政策、经济、交通、广告等）的运作，它们无处不在。低廉的售价并不反映其真实成本，真实成本往往被隐藏起来。政府补贴使用了纳税人的钱，使消费者购买汉堡的价格无法反映其在饲料生产、用水、牧场用地、运输和使用化石燃料等过程中产生的全部成本。[①] 对健康造成的后果也由纳税人的钱和所有人支付的高额医疗保险费用来承担。如果没有这些补

---

① 这就是为什么一个有机苹果的价格可能与一个汉堡的价格相同，也是本书"引言"中吉亚拉（Kiara）提到的问题。

贴，快餐汉堡的售价会很高。我们的法律系统甚至也在推广快餐汉堡，在美国的许多州，贬低肉类是一种罪行。①

能给我、其他人、动物和环境带来更多益处、更少伤害的替代产品是什么？ 一个人要想出能替代快餐汉堡的产品很容易，学生也能想到。他们会建议吃由一家致力于社会公正的企业所生产的植物肉汉堡，或者吃由有机家庭农场的草饲牛肉制作的汉堡，这些都是能够带来更多益处、更少伤害的替代产品。

要使替代产品成为常态，需要让哪些系统做出何种改变？ 并且，我可以采取哪些指向问题解决的行动来创造这种

---

① 参见"食品诽谤法"（Food Libel Laws），这是美国部分州通过的法律，旨在保护食品生产者免受不实言论的损害。这些法律允许食品生产者对发表贬低性评论的个人或团体提起诽谤诉讼。

系统性变革？这是问题解决式思维和行动的关键，因为要使健康、人道、便捷和负担得起的食品成为每个人的饮食常态，改变这个系统是具有挑战性的。在识别出这些系统时，学生会提到上述乃至更多的系统。他们学习如何完成"思维导图"（见下图），在图纸上，通过快餐汉堡辐射出的线条将多个系统连接起来。

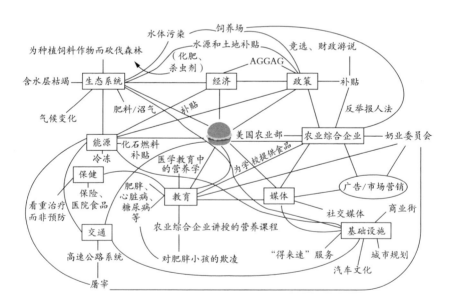

既然政策、经济、法律、企业、广告、能源、交通、税收补贴、医疗保健、教育、农业综合企业、城市规划和其他社会系统都与快餐有联系，那么学生如何才能确定真正的问题解决的思路，以改变这些相互关联的系统？能产生实际、有系统影响的杠杆点在哪里？[1]

这些问题没有唯一的答案。如果有的话，我们可能已经改变了这些系统，解决了这些问题。为了进一步深入探讨关于"真实的价格"这一问题的答案，我提出了另一个问题：美国人死亡的主要原因与墨西哥湾的死亡区有什么关系？这个问题是基于仁爱教育研究所研发的中学课程中的一个单元，该课程为期六周，聚焦问题解决，提供了思路和方法。

---

[1]　在仁爱教育研究所编制的免费电子版《问题解决者指导手册》中，针对儿童群体中 2 型糖尿病的发病率不断上升的问题，说明了问题解决式流程，其中关于杠杆点和"指向问题解决的方案"的部分说明了回答这些问题的思路和方法。读者可以下载和使用。

在美国造成死亡的主要原因与墨西哥湾的死亡区有什么关系？[①] 我们很容易找到造成墨西哥湾的死亡区相关的信息，也很容易找到在美国造成死亡的主要原因的相关信息，众多相互关联的系统造成了这两个问题。要发现这些系统之间的因果联系，需要深入的调查、研究和分析。以下是这一过程的简要概述。

当学生做研究时，他们发现墨西哥湾的死亡区位于密西西比河汇入海洋的地方。由于氮磷污染严重（主要由农业污水排放造成，其次是经过处理的污水），海洋中的氧气耗尽，导致缺氧区域无法维系生命。墨西哥湾的死亡区每年都会随着天气的变化而变化。密西西比河沿岸美国各州的干旱气候会缩小死亡区的面积，而洪水则会扩大死亡区的面积。

---

① 该问题改编自欧柏林学院教授大卫·奥尔（David Orr）在其著作《大地在心：教育、环境、人类前景》(*Earth in Mind: On Education, the Environment, and the Human Prospect*)中提出的问题。

稍加研究就会发现，造成密西西比河氮磷污染的系统有很多，其中包括：

- 单一化种植的农业，其使用氮基和磷基化肥。

- 集中饲养动物，该方式需要生产大量饲料作物来喂养动物。这些饲料作物通常产自密西西比河流域的一些州，由于谷物转化为肉类的转化率很低，因此，相比于生产直接供人类食用的作物，生产饲料作物使用的化肥要多得多。

- 广告，偏向于推销高度加工、化肥密集型的快餐和垃圾食品，而不是可直接食用的有机植物食品，如豆类、谷物、坚果、新鲜水果和蔬菜。

- 支持酒精生产的政策和能源系统，而酒精生产依赖谷物生产中使用的氮基和磷基化肥。

- 经济和法律系统将第一修正案规定的自由延伸至企业，

从而允许企业及其游说者通过竞选捐款影响立法者，导致上述所有结果；政府用税收补贴企业生产，政府补贴使那些生产时破坏环境、能源密集型食品售价低廉。

当学生研究美国人死亡的主要原因时，他们发现心脏病位居榜首，癌症紧随其后。排名第五和第七的分别是中风和糖尿病。[1] 他们了解到，饮食是导致心脏病、多种癌症、中风和 2 型糖尿病的主要因素之一，[2] 而常见于成年人的 2 型糖尿病在儿童中的发病率令人震惊。[3] 当深挖导致美国不健康饮食

---

[1] 数据来自 2017 年美国疾病控制和预防中心的统计。截至本文撰写之时，COVID-19 对这些数据影响的统计结果尚未公布。

[2] 参见世界卫生组织（WHO）国际癌症研究机构的《国际癌症研究机构评估红肉和加工肉类消费的专论》(IARC Monographs Evaluate Consumption of Red Meat and Processed Meat)，2015 年 10 月 26 日。

[3] 参见美国疾病控制中心网站文章《儿童和青少年中 1 型和 2 型糖尿病新诊断病例率继续上升》(Rates of New Diagnosed Cases of Type 1 and Type 2 Diabetes Continue to Rise Among Children, Teens)。

的那些系统时，他们了解到，上文指出的造成墨西哥湾的死亡区的许多系统也是造成美国人健康状况不佳的原因，此外还有其他系统，包括医学教育和医疗保健系统（这些系统往往偏重疾病治疗而非预防），以及法律、经济和政府系统（这些系统允许各行各业在学校开设的营养课程中推销自己的产品，而不管这些产品是否健康）。

上述过程主要涉及把死亡区和公共健康问题联系起来的那些系统。我分享这些内容是为了简要说明问题识别和系统性思维的内涵，教师也可以从上述的例子中看到，如果使用我们创建的课程单元，学生将探索哪些内容。当学生确定问题的原因，对其进行充分的调查，研究他人解决这些问题的方法，并确定各种方法的影响，那么他们就已经准备好为人类、其他物种和环境找出人道、公正和可持续的解决方案。

学生的问题解决式想法、任务和成果可能是什么？这在很大程度上取决于他们在研究中的发现以及他们的个人兴趣和天赋。以下是一些可能的表现：

- 学生可以起草并提交法律草案给相关人员和部门，对能源、竞选资金、广告和税收补贴系统提出改进建议。在此过程中，他们获得调查、写作、公民参与和公众演讲方面的技能。

- 学生可以通过接受教育指出农业系统存在的问题，向他人传授如何生产健康、人道、公正和可持续食品的知识，从而增加人们对有益于人类、动物和环境的食品的需求，减少对不健康、不可持续和不人道的食品的需求。在此过程中，他们获得研究、倡导和沟通方面的技能。有些学生可能会解决自己学校内部的系统问题，他们努力改善学校食堂，或者可能会建造一个可提供食材的学校或社区花园。在此过程中，他们获得社区建设、设计、植物学、生态学、土壤科学、营养学和食品生产方面的知识和技能。

● 学生可以向各个领域的创新者、科学家、农民和专业
人士咨询并参与实习，他们有的是建立可再生、公
正和可持续的农业系统的人；有的是开发健康、实
惠、美味的植物蛋白及细胞培养肉的人；有的是生产
清洁、可再生和廉价替代能源的人。在此过程中，学
生获得科学、数学、商业、工程和技术方面的知识和
技能。

回到"真实的价格"这个活动，正是上述的流程以及由
此产生的解决方案，最终为学生提供了"真实的价格"第四
个问题的答案，即需要改变哪些系统才能使健康、人道、可
持续的食物变得普遍。

当学生有机会分析自己和社会的选择，并通过协作提出
具有创造性、系统性的解决方案，以解决他们在调查中发现

的问题时，他们会深刻地认识到，我们在生态和社会方面与其他人和其他生物都有着千丝万缕的联系。他们会认识到自己每天的选择对他者产生的影响，他们会获得对未来有价值的真实生活经验，他们会体会到有目标的付出带来的喜悦，他们也会加深对我们共同未来的责任感。同时，他们还会发展基础的读写、计算、科学和沟通能力，以及审辩式、系统性、战略性和创造性思维能力。

确保学生理解如何制订"指向问题解决的方案"

如果你在网上搜索"儿童英雄",你会发现孩子们正在做着了不起的事情。读到他们的故事,了解他们的慷慨,知道友善和共情在蓬勃发展,这些都很鼓舞人心。

当我搜索"儿童拯救世界"和"儿童英雄"时,我发现了数百个关于儿童做贡献的故事。下面列举了一些故事,可能似曾相识,毕竟孩子们经常做这样的事情,这通常是学校社区服务活动的一部分:

- 向食物银行捐赠生活用品。

- 向社会救助站和动物收容所捐赠毛毯。

- 为给发展中国家运送牲畜筹款。

- 为帮助人们灾后重建筹款。

- 举办牛仔竞技表演，为健康慈善机构筹款。

这些行为源于慷慨的内心，我们应该为带来"最多益处、最少伤害"的人道主义行为喝彩，因为它们对减轻眼前的苦难至关重要。然而，我们必须指出，这些行为没有解决亟待改变的系统问题，有些行为还会在无意中伤害他者，尤其是动物（如牛仔竞技表演和提供牲畜）。

如果忽视问题的根本原因和系统性原因，我们将永远似救火般忙于应付表层问题。比如，对于因气候变化引发的洪水、歉收和山火而流离失所的人们，如果仅仅依靠纳税人的钱和个人的慷慨解囊来援助，却不解决导致气候变化的系统性问题，那么我们就需要永远帮助他们，而这些自然灾害并非全是自然造成的。同样，如果不建立帮助人们摆脱贫困的系统，不纠正促使某些群体享有特权的系统，那么我们将始终面临援助的需求。如果在试图帮助一个群体的同时，却对另一个群体造成了意想不到的伤害，那么我们就称不上是问题解决者。

区分"解决方案"和"指向问题解决的方案"并不容易。通常情况下，看似非常有前景的解决问题的想法，直到对其进行深入分析后我们才发现，它们可能并不真正指向问题解决。下面的"问题解决式量表"为我们提供了一个评估解决方案"问题解决力"程度的工具。

利用这个量表，你可以问问自己下列解决方案属于哪一种：

问题解决式量表

初步方案	待改进方案	指向问题解决的方案	最佳问题解决方案
这种方案虽然出于善意，但并不能从根本上和系统层面解决问题，可能无意中给人、动物、环境带来消极影响	这种方案能从根本上和系统层面解决问题，但无意中给人、动物、环境带来消极影响	这种方案能从根本上和系统层面解决问题，同时努力不给人、动物、环境带来消极影响	这种方案能显著、有战略性地从根本上和系统层面解决问题，并且不伤害人、动物、环境

2015 年 5 月，美国一家电视新闻网站上一篇名为《英雄》的报道重点介绍了一位年轻人的善举，他希望同时解决食物浪费和饥饿问题。他的想法是创建一个非营利组织，利用志愿者的力量，将原本被餐馆扔掉的食物送到饱受饥饿的穷困之人手中。很快，他就开展了一个蓬勃发展的项目，许多志愿者将食物从餐馆运送到救济厨房和食品储藏室。

这是一个初步方案？还是一个待改进的方案？还是一个

指向问题解决的方案？或者是一个最佳问题解决方案？

尽管该解决方案势必会缓解一些问题并帮助许多个体，但它是否涉及或寻求解决导致饥饿或导致食物浪费的长期存在的系统？它是一个可规模化的解决方案吗？由志愿者将生产过剩和浪费的多余食物运送到所有饱受饥饿之人的手中是否可行？饥饿的主要原因是贫困和无法获得买得起的营养食品，上述方案能否解决主要原因？

2018 年，我在纽约市的一个教师会议上发言，分享了《英雄》报道中的这位年轻人和他的志愿者。我让听众按照"问题解决式量表"给他的解决方案打分，就像前文提过的一样。大多数人将其评为"初步方案"或"待改进方案"。有趣的是，听众中有一位教师是食品储藏室的志愿者，而这个食品储藏室正存放着这家非营利组织努力得来的食物。我很想听听她对自己亲身经历的看法。她告诉我们，他们有时会收到过多的剩余食物，以至于无法分发，只能丢掉。因此，有时食物被志愿者从餐馆运到食品储藏室后，又被其他志愿者扔掉了。我这么说并不是建议我们停止支持此类活动，这些活动既帮助了饱受饥饿之人，也减少了对完好食物的丢弃。我建议我们应该努力同时制订更多指向问题解决的方案，从系统层面解决问题。

用"问题解决式量表"评估解决方案并不是做数学题，它很少有一个"正确答案"。对各类解决方案的观点很多，众说纷纭，而教师应该欢迎各种观点。比如，有人在评估上述《英雄》报道中的解决方案时，将其评为"指向问题解决的方案"，并提供了有力的评估理由。尽管如此，该量表仍有助于我们朝着更多更好的问题解决式思维和行动靠近。

围绕真实世界的问题开展跨学科学习

在大多数学校里，学生都是在独立的班级里学习数学、科学、语文和社会研究等课程。他们可能在数学课上学习代数（来自某一本教科书或计算机程序）；在科学课上学习生物学（来自另外一本教科书或计算机程序）；在语文课上阅读《哈姆雷特》；在历史课上探索欧洲历史（来自另外一本教科书）。每隔 45 分钟，下课铃声就会响起，学生就会完全切换学习内容，而学习内容之间几乎没有连续性、关联性或共同点。这种典型的学校教育模式在职场中并不适用。

为了使学校教育既聚焦问题解决，又具有跨学科性，我们可以围绕真实世界中紧迫的挑战来组织和开展学习。许多学校可能无法轻松或快速地改变现有的课程结构，它们可以将当前的首要问题作为基石，这样就能够通过一个适宜的主题视角整合原本互不关联的学科。下面的例子可以说明"气候变化"这一真实世界的挑战如何融入大多数学校当前的课程结构，以使学校课程更有针对性、跨学科性并指向问题解决。

学生可以通过以下话题学习科学知识：温室效应，大气和海洋的化学变化，海平面上升和气流的物理现象，生物对生态系统的影响，物种灭绝率上升，飓风、热带风暴的数量和强度不断增加的科学原理，向两极迁移的动植物。他们分析数据后会发现，约97%的气候科学家基于数据认为，人类导致了全球变暖。然后，他们可以根据自己的科学知识，提出应对并减缓气候变化、适应新气候的现实想法，以及提出如何在全校范围内通过倡导个人的正确选择和行为以减少对气候的影响。

学生可以通过以下方式训练和发展数学技能：用方程、统计和图表分析气候趋势，设计和开展定量研究，分析成本效益，对温室气体增加的主要原因开展定量研究，解决以气候变化为导向的数学题。

学生可以通过以下方式获得语文技能：阅读当前有关气候变化的著作，阅读反乌托邦和乌托邦文学，阅读美国自然主义经典作品，如梭罗（Thoreau）的《瓦尔登湖》和乔治·马里恩·麦克莱伦（George Marion McClellan）的诗歌，以及卡米尔·邓吉（Camille Dungy）和玛丽·奥利弗（Mary Oliver）的现代诗歌。学生可以撰写博客文章、专栏文章、小说和诗歌，以及写由这些阅读引发的随笔，目标是写出对真实世界有意义、可发表的作品。

学生可以在探索以下主题时学习历史和地理知识：干旱、

洪水、表土流失、荒漠化和森林砍伐对古今文明的社会影响，并将这些历史影响与当前的现实情况进行比较。他们有机会审辩式地、战略性地思考与气候变化相关的政策、心理和经济问题，以及不同团体采用的多种扭转气候变化的方法和途径。这些内容涵盖了社会研究课程的主题。

有些学生会探讨许多人为何以及如何不顾证据和压倒性的科学共识，而去否定气候变化，同时培养能力来得体、有效地回击那些有关气候变化的顽固谬见。有些学生会研究气候变化如何影响不同的人群，如生活在岛国和沿海地区的人，生活在荒漠化、干旱地区的人，生活在火灾或洪灾频发地区的人，以及那些生活贫困的人。有些学生会关注气候变化如何影响那些因种姓、民族、宗教和种族而受到系统压迫的人，这些系统可能会限制他们的生活地点，使他们无法避开气候变化带来的最坏影响。

学生在"气候变化"这个领域的问题解决式任务可以

包括：

- 准备相关材料并会见政策制定者，提出他们的建议；

- 制作教育性的演示文稿，去更大的社群分享；

- 设计方案，创作视频和发人深省、鼓舞人心的文字、诗歌或戏剧作品；

- 通过可分享和出版的作品，将他们的社会研究和分析带给更广泛的受众；

- 在自己的学校内努力改造能源或食品系统，以减少碳足迹。

最后这个在自己学校发现和解决问题的例子提醒我们，学生不需要被要求解决全球性的气候变化问题。他们可以解决区域性的问题，当他们的解决方案可以传播、扩大，并成为系统性的解决方案时，最终会产生巨大的积极影响。

有一个跨学科的想法可以让所有年级开设有意义的课程，这对学生个体和整个学校层面都会产生积极的影响。每年一次，整个片区的学校可以在四到六周内讨论同一个主题。我们以"能源"话题为例。小学低年级的学生可能会学习自己体内的能量、食物中的热量以及如何健康饮食以获得最佳能量；初中生可能会学习可再生能源，并比较其与煤等其他化石燃料，学生从中学习地理、政治、经济和科学知识，并使用数学和概率知识；高中生可以向开发清洁和可持续能源系统的科学家和工程师学习，也可以向致力于建设绿色经济的社区组织者学习，这种绿色经济能为历史上受种族或民族影响而被边缘化的人们提供高薪工作。然后，他们可能会独立研究，目的是起草拟议的能源和社区解决方案。

在研究每个真实世界主题的最后一个星期，我们可以安排一个庆祝学习的活动，学生可以向学校乃至更广泛的社群展示他们学到的知识、发现的问题以及达成的解决方案。想象一下，这种主题研究的维度将会多么丰富！学生通过学习和实践获得了深刻的体验，他们对某一特定议题或问题充满热情，从而激发出参与感和动力；社区的参与丰富了学生的研究和项目；当一个重要的主题成为焦点时，人们兴奋于学校教育与现实世界的紧密相连。以下是一些可行的主题：

我们生活中不可或缺之物

- 食物和水

- 能源、交通和住房

- 衣服和其他必需品

这个世界持续存在的问题

- 污染、资源枯竭、栖息地破坏

- 性别歧视、种族歧视和其他形式的歧视

- 暴力、贫困、人口贩卖、战争

创造积极的变化

● 解决冲突与建立和平

● 做出符合伦理的选择和有效的变革

● 发展可再生的公正的系统

为了理解并切实地回应这些主题，学生必须掌握科学和数学的知识与技能，了解历史和时事，同时培养和锻炼口头及书面交流的能力。此外，为了产生影响，学生将发展领导力、目标设定能力，以及之前提到的审辩式、系统性、战略性和创造性思维。他们很可能会发现自己也在追求更加共情、诚实、有责任感的生活方式。

还有一个想法，如果我们采用"聚焦问题解决的问题"来指导从幼儿园至十二年级的课程研发会怎样？这些问题不仅与知识和技能的学习紧密相连，还覆盖了我们生活中真正

的基本需求。以下是一些说明"聚焦问题解决的问题"的例子:

- 我们世界的系统如何才能有效、符合伦理且可持续地运行?

- 如何实现积极的变革?

- 我们如何才能为所有人、其他物种和环境建立一个公正、和平和可持续发展的世界?

每一个首要问题都会产生更多的问题,适合发展成教学单元中的主题。阅读下面的例子时,请考虑:该问题最适合哪个年龄段的学生?哪些学科与该问题有关?在探索答案的过程中会获得哪些可迁移的知识?

从"我们世界的系统如何才能有效、符合伦理且可持续地运行?"这一问题出发,课堂上可以探究以下问题的答案:

- 什么是生态系统和社会系统，它们之间有何联系？

- 我们依赖于哪些生态系统和社会系统？

- 对其中一个系统的选择会对另一个系统产生什么影响？

从"如何实现积极的变革？"这一问题出发，学生可能提出并回答以下问题：

- 想法是如何发展和传播的？

- 技术在哪些方面改变了我们创造积极的变革的能力，又在哪些方面阻碍了我们产生积极的影响？

- 怎样的倡导和行动最容易使社会变得更好？怎样的倡导和行动经常或有时会适得其反？

从"我们如何才能为所有人、其他物种和环境建立一个公正、和平和可持续发展的世界?"这一问题出发,学生可以探究以下问题:

- 我最深层的价值观是什么?在全球化的世界里,我如何才能按照我的价值观生活?
- 作为一名_____(请在空白处填写一种职业)领域的"问题解决者",意味着什么?
- 每个人如何才能最好地践行我们的理念,并为自己和他者(包括非人类动物和环境)带来"最多益处、最少伤害"?

学校和教师可以在学习单元中向学生提出上述部分或全部问题,但激发学生自己提出问题也同样重要。其中一些问题可能成为课堂的主题,另一些问题可能成为学生个人的思考和探究的主题，他们可以将其转化为项目、挑战以及个人的指向问题解决的方案和成就。

学校可以在日常教学和课程中留出空间，让教师能够以跨学科的方式进行合作，解决当前影响学生的议题，这将使学习真正关切现实且具有吸引力。2001 年"9·11"袭击事件发生时，有多少美国中学教师得到了信任、支持和指导来暂停和改变课程，让学生正视、理解和应对他们的国家和同胞遭遇的严重事件？当然，人们会以回溯的方式讨论应该如何去做，但在接下来的二十年里，发生了很大变化吗？2005 年"卡特里娜"飓风袭击美国海湾各州时，或者 2012 年"桑迪"飓风摧毁大西洋中部各州海岸时，教师是否被鼓励转移课程的焦点？

在 2020 年至 2021 年，当危机接踵而至，教师是否拥有足够的经验和工具，是否被允许将课程转向以下紧急的内容：

- 新冠疫情——鉴于学生正面临一个世纪以来最严重的传染病

- 气候变化——鉴于澳大利亚和美国西海岸发生了我们有生以来范围最广、破坏性最强的山火

- 种族主义——鉴于乔治·弗洛伊德（George Floyd）在警察膝下被杀，美国国内外成千上万的人走上街头抗议反黑人的种族主义

- 媒体素养——鉴于虚假信息和错误信息不断增加，阴谋论得到了越来越多的关注

- 冲突解决和问题解决式思维——鉴于美国政治的两极化上升到越来越有争议的新高度，我们的民主受到了威胁

为了让学生为真实的世界做好准备，学校设计出协作、

有意义的且能响应现实的跨学科课程至关重要。只要给教师时间、培训、工具、资源、支持和信任，他们就能在这一过程中发挥深厚的创造力，并为之感到兴奋。

我意识到，上述想法需要重新思考当前的典型课程结构和课程设置，而这在大型公立学校系统中并不容易做到。然而，如果不根据这个不断发展、充满机遇的世界来重新审视和评估我们现有的系统，我们最终将妨碍学生的学习，降低他们对学业的投入，让他们对未来准备不足。

通过多样的教学方法，培养学生成为问题解决者

　　课程是向学生传授知识、学科和技能的体系，而教学法则是传授知识、学科和技能的方法。我们都熟悉"讲台上的圣人"的授课模式，即教师站在教室最前面的黑板或屏幕前，面朝坐在课桌前的一排排学生讲课。有时候这种方法是有用的。当人们有重要的知识和信息要分享时，他们这样做是有意义的。TED 演讲的流行证明了"讲台上的圣人"这种模式的价值。但是，这种教学方法不宜常用。

学生可以通过许多其他方式获取信息，获得知识和技能，进而在真实世界中解决问题、取得成就。下面围绕**"如何确保人人都能喝上干净的水？"** 课程教学单元，列举了一些不同的教学方法。我们假设本单元的教学目标是让学生获得以下的技能和学习动机：

- 读写能力、计算能力和科学方法
- 审辩式思维、系统性思维、战略性思维、创造性思维和设计思维
- 发现问题和解决问题
- 共情、沟通和协作
- 责任感

此外，假设本单元的教学目标还包括获得生态学、化学、生物学、物理学、管理学、伦理学、社会研究、历史、数学

和统计学以及地理学等学科的一些内容和知识。

教师可以融合使用以下教学方法:

使用探究法。激发学生对水的疑问,提出和讨论以下问题:谁有权获得清洁的水?为什么约有数十亿人无法获得安全的饮用水?水资源私有化后会发生什么?鉴于我们生活在一个封闭的生态系统中,淡水去哪儿了?荒漠化的原因是什么?是什么导致如此多含水层枯竭?生产瓶装水需要消耗多少水?

提供开展独立研究和调查的机会。请学生找出他们最感兴趣的话题(如本地的水道污染、自来水污染、清洁水缺乏、森林砍伐及其与荒漠化和水资源供应的关系、水资源私有化、本地的含水层枯竭等),然后开展独立研究,并对研究的有效性和可靠性进行审辩式评估。

提供体验式学习的机会。让学生追踪自家的供水过程,参观供水源头和目的地,并向参与淡水运输和污水处理的人员学习。让一些学生从本地水道取样并进行化学分析，另一些学生则对自来水和瓶装水进行化学测试、分析或比较。

邀请嘉宾分享交流。邀请嘉宾以视频会议或现场形式与学生进行分享交流。这些嘉宾可以是在没有水井、供水管道或水资源匮乏的条件下长大的人，可以是水资源私有化公司或瓶装水销售公司的代表，可以是平价水处理设备的发明人，也可以是记录水污染影响的科学家、水利政策专家等。

使用电影和其他多媒体资源。和学生讨论涉及水资源议题的电影，从水污染到水资源私有化，从水资源缺乏到生产和运输塑料瓶装水对环境的影响。

使用真实案例研究。举例说明在解决清洁水获取问题上面临的挑战、取得的成功、阶段性成果和失败，以便学生在真实世界的背景下提出自己的想法，了解付出的努力和已有的障碍。和学生探讨受水资源缺乏或水污染影响的人的亲身经历，如儿童饮用受铅污染的自来水，以便学生获得知识、加深理解、增强共情，并激发解决问题的行动。

为问题解决式任务提供时间和指导。为学生提供时间和空间，让他们选定自己的方向或从以下某个方向中参考选择：设计或改造现有的水资源净化、收集或运输设备；探究某些社会、经济和政治议题的解决与淡水水体预计发生的变化之间的关系，用概率图表示这些变化，以便激励学生采取积极行动；分析生产各种食品和产品以及家庭、娱乐用水的情况，并制作共享的演示文稿或视频，为减少用水量、保护含水层和淡水供应提供建议方案；如果市政任由受铅污染的水对儿童造成伤害，用哪些方式对其进行合法追诉等。

提供合作学习的机会。帮助学生以小组和团队的形式开展任务，合作制订解决方案。我们设想一下：艾莎是一名成绩优秀的高中理科生。贾斯汀是一位优秀的作家，许多学生经常阅读他的博客。玛蒂娜喜欢做研究，精通审辩式思维和系统性思维。荷西是一位艺术家，擅长平面设计。凯拉是一位典型的外交家，她能冷静、坦诚地倾听。通过合作，他们制订了解决本地河流污染问题的方案，并利用各自的才能、努力和知识准备了一场演讲，在社区分享他们的解决方案，使其在实施过程中获得广泛支持。每个人都可以做出很大的贡献，他们团结起来就会形成一股力量。

采用更加有意义的评价方式

标准化考试的成绩和分数是目前衡量学习的标准，[1] 然而，我们有必要询问，它们是否真的是评价学生理解、掌握和成就的最佳方式？是否支持问题解决式思维及其成就？分数和标准化考试到底在测量什么？一个孩子挨饿、生活在不安全的环境中、睡眠不足、遭受欺凌或歧视，这与其学业成

---

[1] 参见丽贝卡·米德（Rebecca Mead）的文章《奥巴马在考试问题上的转变》(Obama's Change of Heart on Testing)，《纽约客》网站，2015 年 10 月 28 日。

绩不理想相关吗？学生的种族和文化背景、家庭收入状况、思维多样性等常常伴随着对其固有的偏见，这削弱了标准化考试的有效性，标准化考试又能在多大程度上反映这些固有的偏见？分数和标准化考试能否激励学生付出更多努力，更有效地学习和巩固以及激励学生对真实世界做出贡献？

分数并不是学习效果的简单评价：如果将分数置于正态分布曲线上，那么每一次小测验、考试和平时作业都是一场小型竞赛，是将学生与同龄人进行比较，而不是衡量学生的实际成就和学习情况。我们的目标难道不应该是所有学生都能理解所学科目，都能掌握教师培养的那些技能吗？然而，如果每个学生都得到了"优秀"，有些人可能会指责学校虚报分数，说分数不再有意义。如果我们的目标是让每个学生都能熟练掌握基本技能和能力，对各种相互关联的学科有所涉猎，理解那些公认的、对所有人都重要的知识，具备为社会做出有意义贡献的必要能力，以及准确而有意义地评估自己的成就——那么，仅凭分数如何能确保达成这个目标呢？

正如可汗学院创办人萨尔曼·可汗（Salman Khan）在其广受关注的 TED 演讲中所谈，如果学生在知识和技能测试（以数学为例）中的得分低于100%，这可能意味着他们没有完全理解概念，他们的差距将阻碍他们最终掌握知识和技能。现在的评分模式倾向于惩罚失败，而不是确保学生不断地练习直到熟练掌握为止，这往往让学生在没有完全准备好之前就进入下一个阶段。分数还有可能助长自满情绪，因为许多学生可能会对得到"良好"感到满意，即使这样的分数意味着他们还没有掌握相关的知识或技能。这样一来，分数就成了一种无法反映掌握程度的排名系统。如果没有掌握基础知识，学生就难以掌握更高层次知识，这可能会导致学生缺乏参与，无法理解所学内容，取得进步。此外，分数还将学习的奖励外部化，这样一来，得到高分的学生可能会失去学习新知识时的快乐和兴奋，这种快乐和兴奋本应该是学习新知识的正常反应，而那些得不到高分的学生可能会失去信心、兴趣和学习动力。

除了分数和标准化考试，我们还可以通过哪些方式来评价学习效果？以下是目前正在探索和使用的几种评价策略，所有学校都可以更多采用这些策略：

- 通过对日常的写作、口语和计算的形成性评价，学生可以在课堂上展示他们的理解程度和能力水平，当教师或学生发现他们在理解上存在差距，学生就可以立即得到必要的帮助。

- 学生的进步不是基于学习某一学科或技能所花费的时间，而是基于对该学科或技能的掌握程度。可汗学院采用的就是这种方法，学校也可以这样做，尤其是利用自动记录学习进度和能力水平的计算机技术。

- 当一个学生掌握了某项技能或理解了某个知识，他就可以教另一个学生，这样既展示了其掌握的内容，又展示了教学效果。

● 英语、历史、社会研究和其他人文学科的课堂变成以讨论和概念为基础，以思维和交流技能的发展程度来评价学习效果。教师或写作导师通过一对一的反馈，认真评估并改进学生的写作。作文、小说、诗歌、访谈、文章、演示文稿或演讲日臻完善，在熟练的基础上，学生的写作或演示文稿值得发表或与真正的受众分享。

● 学生在实践中展示学习成果。他们完成任务、实现目标，这些目标若没有特定的能力、技能和理解是无法达到的，同时这些目标对社会也有贡献。例如，设计一个可持续和功能齐全的结构，识别并计算在学校中节能的方法，就新闻中的某个问题撰写一篇有说服力、发人深省的专栏文章等。

● 学生的艺术项目——无论是视觉的、戏剧的还是口头的艺术项目——都为概念理解提供了充满表现力、创造力和创新力的范例。

- 学生和教师、导师组成小组，邀请社区成员就所学内容进行提问，以展示他们对所学知识的深刻理解和清晰表达。

- 学生学会认真、有效且审辩式地评估自己和自己的作品。他们学会感知自己的优势、劣势和差距，并与教师、导师和家长合作制订个人计划，在发挥优势的同时弥补差距。

借助上述的评价方式，学生能够创建一个有意义的电子成就档案，这个档案不仅能证明他们在获得知识和能力方面的成就，也能展示他们对在线技术学科的掌握，还能展示他们作为问题解决者的成就。同时，档案中还包含了教师、导师和督导人员对他们任务的评价和深思熟虑的评语。

为学生提供自我反思练习，促进健康的心理状态以及积极的态度和行为

　　有些学校教师向学生讲授正念冥想，他们发现正念冥想可以提高学生的注意力，帮助学生管理压力、培养自控能力。[①]正念只是冥想的一种形式，在正念过程中，学生要学会体察自己的想法和感受，而不对它们做出反应。在"段落冥

[①] 参见"正念在学校"项目（Mindfulness in Schools Project）网站上关于在学校开展正念教育的效果证据。

想"①中，学生选择并背诵有价值和启发性的文章，并在脑海中复诵，以培养和深化智慧，完善人格与道德品格。

内观是日本的一种自我反思形式。它是另一种内省练习，通常引导人们体验感恩的经历，并渴望变得更善良、耐心，对自己的行为更负责任。练习者提出并回答三个问题：

1. 我从＿＿＿＿＿那里获得了什么？

2. 我给了＿＿＿＿＿什么？

3. 我给＿＿＿＿＿带来了什么麻烦或困难？

在空白处填入某个人或某些人（同龄人、家庭成员、教师、相隔遥远但通过全球经济联系在一起的人等），填入自

---

① 印度裔教师艾内斯·艾斯华伦（Eknath Easwaran）将"段落冥想"（passage meditation）带到了美国，他是加州大学伯克利分校的文学教授。

然的各个方面（空气、水、土壤、森林等），填入其他物种（伴侣动物、野生动物、农场动物、实验室中的动物、用于娱乐的动物等），或者仅填入"今天"。这三个反思问题让学生和教师审视自己的现实，他们意识到自己之前认为理所当然的一切都有无数的促成因素，他们更加意识到自己对他者的影响；这三个反思问题也让他们从观察和知情的角度自我反省，评估自己的选择，并对自己负责。[①]

上述这些以及其他形式的自我反思和冥想方法，会让学生变得更有自知之明、更平和、更沉着，有助于培养他们泰然自若的心态与积极的品格特征以及练习自我评价。随着自我反思能力的增强，健康、积极和富有同理心的沟通能力也会随之变强，从而促进冲突解决和恢复性实践，以此有效增

---

① 关于内观练习的更多信息，参见格雷格·克雷奇（Gregg Krech）所著的《内观：感恩、优雅和自我反思的艺术》(*Naikan: Gratitude, Grace and the Art of Self Reflection*)。

强通过合作解决问题的能力。

值得注意的是，对那些正在经历饥饿、虐待、偏见、欺凌或其他创伤的学生来说，我们应该首先提供帮助，满足他们基本的身体和情感需求，上述对一般人而言积极的自我反思练习对他们而言，可能不会特别有帮助，甚至可能有害。

让学生拥有健康的身体

　　尽管我们在医学和医疗保健方面取得了巨大成就，但孩子的体重越来越重，体质越来越差，越来越不健康。造成这一趋势的系统错综复杂、相互关联。前文在介绍快餐汉堡"真实的价格"的例子，以及分析"在美国造成死亡的主要原因与墨西哥湾的死亡区有什么关系？"时，已经提到了其中的一些系统。如前所述，农业、经济、政策、广告等其他系统是造成公共健康问题的因素。

　　学校必须是一个提供常态化健康食品的地方。虽然美国有些州、地区和学校正在积极尝试为在校学生提供健康的食品和饮料，但学校食堂仍是美国农业部配送不健康、高脂肪、高钠、低纤维食品的主要场所。许多学校的自动售货机仍在销售含糖饮品（果汁或含糖汽水）和垃圾食品。通过改造学校食堂，我们不仅能帮助学生保持健康，养成对健康终身有益的饮食习惯，还能向他们示范公正、人道和可持续的食物选择。许多学生已经注意到，他们在健康课上学到的营养知识与食堂提供的许多食物之间存在差异。

有些学校正在室内、屋顶和室外建设花园和温室，并将其融入生命科学和健康课程以及食堂系统，这为学生学习可持续食品的生产和科学学科提供了极好的机会，还能直接为学校生产健康食品。这种做法值得其他州、地区的学校效仿。

我们还要振兴体育教育。想象一下，所有学生都能获得多种形式的有益身心的体育教育，比如武术合气道，各种类型的舞蹈、瑜伽、力量训练和高强度间歇训练等。学生有时间尝试和体验每种运动，他们可以选择其中的一两种作为常规练习，学习规则并掌握一种身心运动的形式，这将让他们受益终身。每种形式的体育锻炼都有超越身体健康的更多益处。合气道是一种将攻击行为转化为非暴力解决方式的武术，这种身体练习也是我们建立和平世界必须培养的一项重要技能。舞蹈不仅锻炼身体，还为创造性表达、即兴表演和协作提供机会。瑜伽能增强力量、灵活性、专注力和内心的平静，也更适合那些希望参加非接触式活动或希望进行更多冥想练习的人。力量训练和高强度间歇训练既训练心理，也训练身体，它们能锻炼骨骼和肌肉的质量，磨炼耐力和毅力，这些益处都能延续到学生今后的生活中，为长期的健康奠定基础。我们还要确保为不同能力和残障程度的学生提供机会，不让任何人被遗漏。

当然，团队运动为年轻人提供了锻炼身体以及学习团队合作和体育精神的绝佳机会，这些团队运动在身体、社会和心理层面都是非常有益的活动。然而，随着学生的成长，团队的选择性和竞争性越来越强，有些学生有团体运动的机会，而有些学生除了偶尔的体操课之外，在校期间几乎没有任何体育活动的机会。而对于那些残障的学生来说，团队运动可能会将他们完全排除在外。

芬兰因其一流的教育系统而备受赞誉。在芬兰，团队运动是可选的社区活动，与学校教育无关。鉴于其他国家以不同的方式组织体育运动，美国的学校可能会受启发将团队运动置于更广泛、更明智的条件中。目前，相较于非体育领域而言，学校里成功的运动员和顶级运动团队受到了过多的尊崇。

举个例子，大约十年前，我参加了一个社区戏剧的制作。晚上十一点左右，剧院外的高中校园里响起了消防警报，持续了几分钟。最后，警报声停止了，我们的演出也接近尾声。我转头问旁边的人时，却发现他没有我那么惊慌。他在这个小镇长大，他正确地推测警报声是在宣布学校篮球队获胜。于是，在漫长而响亮的几分钟里，小镇上的人（包括以观众几乎听不见的独白结束整场演出的演员）在深夜里听到了警报声，而这一切都源于篮球队赢得了半决赛，并将参加州冠军赛。同样是在这所高中，当一个学生社团在学术竞赛中获胜，或者一个合作小组为解决某个问题提供了方案，从而帮助了社区时，校园里并没有响起警报提醒全镇。

我并不是说我们应该为每一项成就或每一次善举鸣笛示警。我是想说，在我们热爱团队运动的同时，也要关心所有学生的健康和体魄，让他们在成年后也能健康成长。团队运动固然重要，但体育教育也应该考虑周全、充满意义，而且学生每天都应该接受体育教育。

把学生带到户外也很重要。学生待在室内的时间过长，减少了他们活动身体以及体验大自然神奇和表达敬畏的机会。缺乏户外活动的时间还可能导致生物恐惧症，即对大自然的厌恶和恐惧，这可能让他们对环境问题产生冷漠的反应，并削弱保护我们赖以生存的生态系统的努力。

我们可以根据地区和可获得的资源选择不同的户外活动。教师可以调查周围的环境，找到让学生经常到户外活动的方法，利用一切可利用的自然环境。许多活动在室外草坪、灌木丛，或者附近的公园都能很好地开展。除非学校周围存在严重的安全问题而不能外出，学生将从每天的户外活动中获益。

学校附近有树吗？学生可以坐在树下，了解授粉物种的重要性，观察鸟类等其他动物的到访和在树上的安家活动，观察四季的变化，检查土壤中与树根共生的菌丝，探索树木提供的栖息地。户外的教学环境有助于让植物学和真菌学变得生动，让生态学变得更有意义，让动物行为学变得可能。

我们也可以把户外作为田野调查的目的地。是否有可能参访一个池塘或公园，或在城市中散步，以便观察和记录城市中的野生动物？即使在我们最大的城市里，鸽子、麻雀和松鼠也能安家，观察动物和了解它们的生活是一件令人着迷的事情。这些活动可以培养学生的注意力、观察力、对自然和动物的欣赏力，让他们充满喜悦和冒险精神。

为每个学生提供个性化课程

　　有些学校模式，比如蒙台梭利式、项目式、问题式、体验式和民主式，经常包含个性化课程。想象一下，在整个公立学校系统内实施差异化教学，可能会力不从心。每个班级有30多个学生，让学生达到考核标准，还要确保他们通过可能不及格的考试，怎么能期望教师和学校开设个性化课程呢？

　　然而，当今世界提供了这样的机会。学生可以使用在线教育程序和资源（这些程序和资源通常会跟踪学生的学习进度，使教师的差异化教学变得更加容易），学生也可以与导师会面、参加实习等。今天的数字原住民[1]能够以21世纪之前无法想象的方式开展学习。通过在线技术与项目式学习、基于问题的学习、问题解决式学习的结合，学生能够在真实世界中有所成就，学校可以利用当今多样化的学习方式为学生提供各种选择。[2]除了通过新技术和在线平台获得重要的阅读和数学技能，借助慕课（大规模开放在线课程），高年级学生可以从世界上最杰出的教授们提供的数百门课程中进行选择，而且这些课程全部免费。

我们可以让学生以适合其发展的方式利用这些机会，并将他们所学纳入个性化的学习计划中，这样他们在追求自己

---

[1] "数字原住民"（digital natives）一词是由马克·普兰斯基（Marc Prensky）在其同名著作中提出，用来描述伴随数字技术长大的儿童。

[2] 埃斯特·沃西基（Esther Wojcicki）和兰斯·伊祖米（Lance Izumi）在著作《教育的探月计划》（*Moonshots in Education*）中提及了许多这方面的资源和想法。

兴趣的同时，还能获得由学校和社会认定的必备知识和技能。比如，有些学生在学习某些数学技能时遇到了困难，这些需要更多支持的学生可以按照自己的节奏掌握技能；而数学水平较高的学生可以迈向更高的层次，他们可以使用在线课程，并接受指导和监督。

我们不再需要决定学习西班牙语、法语、中文还是其他语言，学生及其家庭可以在众多语言中做选择。在线语言课程为外语学习提供了令人兴奋的机会，与外语流利的教师一起进行小组合作学习不仅可以帮助学生练习会话，还可以了解该外语使用地区的文化。如果一个地区没有外语流利的教师，免费的视频会议技术则为这个地区的学生提供了与其他地区教师接触的机会，而这一切对上一代人来说都是不可能的。

由于问题解决者热衷的事情和拥有的才能各不相同，因此个性化课程非常重要。如果一名高中生发现自己对建筑或施工感兴趣，她可能会到一家绿色建筑公司实习，另一名对酒店行业感兴趣的学生则会到一家生态旅游公司实习，而一名初出茅庐的土木工程师则会与导师一起设计可持续发展的城市。我们经常听到要确保高中毕业生"为上大学和职业生涯做好准备"。要实现这一目标，我认为最好的办法莫过于为学生提供个性化教育的机会，让他们获得与工作环境相关的知识和技能。掌握问题解决式思维的学生，不仅对雇主或大学来说更有价值，他们还能为更健康、更公正、更可持续发展的社会系统做出贡献。

我们还可以更进一步，研发并提供高中生"问题解决者职业证书"课程。那么，学生通过参加聚焦问题解决的职业实习和导师辅导，就可以获得证书，这个证书向未来的雇主和大学证明他们已经为真实世界做好了充分准备。[①] 这么做并

---

① 本书在附录中有更多关于"问题解决者职业证书"的相关信息。

不是为了鼓励学生在十几岁时就选择一个终身职业，而是为他们提供探索和测试自己兴趣的机会，并使自己的兴趣得到有意义的发展。

为了让学校教育对即将面临人生重大选择的年轻人来说更加关切现实、富有意义，并引导年轻人将学习的方向对准自己的目标、关注点和梦想，教师可以鼓励学生深入思考并回答以下四个问题：

1. 我所在的社区和这个世界上，哪些问题最让我忧心？

2. 我热爱做什么？

3. 我擅长什么？

4. 我需要学习什么？

当一个人找到了前三个问题答案的交集，并进一步探索第四个问题的答案时，他们就打开了一扇门，这扇门最有可能通往伟大目标的实现、意义感和喜悦感的获得。

虽然年轻人还不知道他们现在或将来擅长的所有事情，成年人也不完全知道，但可以鼓励他们发现自己在学校学科之外的一系列技能和才能。这种自省可能会帮助他们发现自己擅长的很多事情，比如调解冲突，倾听，观察，建立联盟，组织，合作，说服，核查事实和调查，在紧张局势中保持冷静、高效，在各种想法之间建立联系，创作艺术作品，设计，写歌，编码等。过去评价学生使用一些有限的标准，无法呈现他们独特的积极品格、天赋和技能，这些有限的标准可能已经伤害了学生的自尊心，而意识到自己的上述天赋和技能将为学生赋能。

想象一下，学校帮助学生踏上了探索之旅，通过激发学生内心深处的疑问，帮助他们探索尝试各种议题、经历和机会，从而发掘他们的才能、关注点和兴趣，并最终使他们获得实现目标所需的知识和能力，以此让世界变得更加美好。

让学校充满意义和喜悦

当我们理解并接受所学知识背后的意义和目的时，大多数人都能学得好。解决我们关心的问题，创造、学习和思考，是一件令人愉快和有参与感的事情。为他人提供真正的服务也是一件令人愉快的事情。在撰写《最多益处，最少伤害：让世界更美好、生活更有意义的简单原则》(*Most Good, Least Harm: A Simple Principle for a Better World and Meaningful Life*) 一书时，我曾做过一项调查，询问数百人什么能给他们带来喜悦。虽然我收到了很多意料之中的回

答（与家人和爱人在一起，在大自然中，与心爱的动物交流
等），但我也多次收到这样的回答：在世界上做好事，助人
为乐，服务于比自己更伟大的目标等会带来喜悦。

经常有人说，他们讨厌学校，学校很无聊。在我看来，
让学生在学校感到无聊是一件滑稽的事。这一时期的学生可
以说是一生中最好奇、最有创造力的，而学校却系统性地压
制他们的好奇心和创造力，这不仅对他们不利，也对我们的
世界不利。学校根本就不应该是一个充满压力、不友好、缺
乏灵感的地方，也不应该是一个耐力测试或战场。然而，对
太多的学生及教师来说，学校就是这样的地方，甚至更糟。
学习本来就是一件令人愉快的事情，学校成为了一个缺乏意
义和喜悦的地方，这让人深感不安。

试想一下，如果每个孩子一觉醒来都渴望去学校，在学
校里学习、创新、参与艺术活动，在学校里学习友善、坚持
不懈，并发现如何成为他们应当成为的那个最优秀、最聪明

的人——这不仅是为了他们自己，也是为了受他们生活所影响的所有生物的利益。我们的孩子一生中有很大一部分时间是在学校度过的。我们怎么能让他们在学校里学得更好一点呢？

如果你是一名教师或学校管理者，请扪心自问，你能发挥什么作用，来让你的班级和学校成为学生每天渴望到来的地方，让学习变成一个快乐而有意义的过程。以下问题可能会对你有所帮助：

1. 你的学生理解并接受学习的目的吗？你是怎么知道的？如果你不曾了解，如何去补救？

2. 你的学生是否有机会利用所学知识、技能和能力对真实世界产生影响？如果没有，你如何提供这样的机会？

3. 你的学生是否有机会追求能给自己和他人带来改变的

成就？如果没有，你可以帮助他们实现哪些任务和
目标？

这些问题似乎让教师承担了过多的责任，而且如果教师
所处的系统没有提供支持、信任、时间或专业发展机会来进
行必要的改革，这对教师来说是不公平的。然而，努力确保
学校教育尽量有意义、有启发性、有目的性，这对教师和学
生来说都没有坏处，而且肯定会带来巨大的好处。下面，我
就如何支持教师开展这项工作提出一些想法。

全力支持教师，让他们成为培养问题解决者的教育工作者

教师肩负着教育、指导、激励、爱护、支持学生和对学生负责的重大责任。教师有责任确保学生在学习和掌握所学内容的同时，还能发展扎实的思维能力、沟通能力和协作能力。教师还有义务培养学生的共情、友善、正直、诚实、公正和责任感等品格。

为了实现所有这些期望，教师必须以身作则。在这份非同寻常的工作描述中，教师必须每天从早到晚工作，几乎每

个周末都要工作，而这一切只让他们得到了微薄的薪水。

远不止如此。如果教师在美国现行的公立学校系统内工作，他们作为专业人员可能几乎没有自主权。他们往往被要求按照某种方式授课，以确保学生在标准化考试中取得好成绩，而这些考试基本上不关切现实。如果教师将真实世界中可能存在争议的议题带入课堂，鼓励学生探索和运用问题解决式思维，他们可能会受到谴责。

教师的课堂上可能有太多的学生，他们不可能照顾到每个学生的需要，也有学生需要大量的个别关注，而对教师来说也不可能做到。教师可能会经常不得不花自己的钱给他们所负责教育的学生购买用品、书籍甚至食物。

考虑到所有这些因素，许多教师士气低落、心灰意冷，也有很大比例的新教师在短短几年后就离开了教师岗位。然而，并非所有地方都是如此。

在芬兰，教师是令人羡慕的职业。在那里，教师的地位类似于医生，入行的竞争激烈。芬兰的教师定期开展合作，他们在课堂选择和学生评价方面享有自主权。[①] 无论是在农村、城市、郊区，还是在富裕社区、工薪阶层社区，芬兰各地的学校在教育学生方面都同样成功。[②]

在日本，教师的工资明显高于美国，但该国的总体教育支出却远远低于美国。[③] 日本的教师不仅要确保学生掌握核心学科和技能，还要塑造学生的品格，培养他们成为模范公民。日本的教师会得到支持和指导，并有充足的时间进行互

[①] 参见国际教育基准中心（Center on International Education Benchmarking）网站的文章《芬兰：教师和校长平等》（Finland: Teacher and Principal Equality）。

[②] 参见玛丽亚·安娜拉（Maria Annala）的文章《学校排名证明这实际上是平等的地方》（The Place Where Ranking Schools Proves They're Actually Equal），《大西洋月刊》网站，2015 年 11 月 27 日。

[③] 参见西莉亚·哈顿（Celia Hatton）关于日本教学的报道《尊重日本教师意味着一流成绩》（Respect for Japanese Teachers Means Top Results），哥伦比亚广播公司（CBS）网站，2010 年 9 月 29 日。

动和合作。

我们必须投资和支持教育事业，从而吸引有活力和创造力的人将知识和技能带到课堂，他们也将得到最优秀教师的指导和辅导，直到他们自己成为高超的教育工作者。

此外，我们还必须给予教师应有的职业尊重，给予教师为课堂和学生做决定的自主权以及与教育同仁合作的空间和时间，给予他们定期的、高质量的专业发展机会以及公平的报酬。如果不具备所有这些条件，指望吸引和留住优秀教师，让他们成功地完成上述非凡的工作是不现实的。

当我还在上大学时，我的男友是一名医学生。有一天他告诉我，他认为医生是最崇高的职业。我记得他的这番话让我很恼火，不仅因为我认为根据高尚程度给职业排名是愚蠢的，还因为我上大学时读的是医学预科，后来放弃了这条路，所以我可能是在为自己辩解。这句话让我记忆犹新，几十年后，我发现自己在反思这句话。虽然我仍然认为根据高尚程度给职业排名并没有价值，但如果硬要这么做的话，我会说教师是最崇高的职业。这是因为没有任何其他职业能够把未来握在手中。

　　未来会是光明的吗？答案就在教师身上，而不在其他任何专业人员身上。有鉴于此，我认为我们必须全力支持教师为培育一代问题解决者而努力。

展示学生的解决方案

如果学校采纳了本书中的观点，学生将致力于解决真实世界中的问题，我们有责任分享和展示他们好的想法。商界领袖、社会企业家和投资者可以帮助学生将想法转化为有意义、对社会有用、可营利的产品和服务。立法者可以支持学生提议的新法案，为所有生物带来健康、积极的变化。媒体可以与更多人分享学生的解决方案。

为了实现这一目标，学校可以设立问题解决者中心或问题解决者周，以分享学生在课业中解决问题的可行答案。礼堂或体育馆可以成为问题解决者的展示中心，墙壁可以展示问题解决式视觉艺术，电脑机房可以展示学生为解决挑战和教育他人而制作的程序、视频和公益广告，学校还可以开辟一个区域作为商店，让学生出售他们设计的问题解决式产品和服务。

科学展览会可以演变成问题解决者展览会，学生可以通过分享、展示和竞争获得真实世界中的机会，通过获得奖项进一步实施最有前景的解决方案，无论这些解决方案是来自科学、计算机技术、社会研究、通信还是艺术等领域。

想象一下，当经过学生深入的思考、专注的努力和创新的想法产生出值得公众关注、资金支持和社区实施的解决方案时，他们的教育将变得多么有意义。想象一下，整个学校社群包括学生、教师、行政人员和家长将是多么的全情投入和充满活力。想象一下，大量充满热情的问题解决者，毕业后将为建设更美好的世界做出贡献。

最后的思考

继续坚持我们目前的教育道路会带来以下后果：更多的学生脱离学校，更多的教师士气低落，本地和全球性挑战可能更加严峻，因为年轻人毕业时没有做好成功应对和解决这些挑战的准备。

在本书的开头，我分享了我的信念，即我们能够解决我们在世界上面临的挑战。然而，我们都知道，我们也有可能无法解决这些问题，反而留给后代一个暗淡的未来，一个越来越不适宜居住的世界。可悲的是，我们确实有可能无法有效地解决气候变化问题，无法及时扭转其最坏的影响，有可能地球上一半的物种将在本世纪末灭绝。珊瑚礁、雨林和冰川有可能继续消失，越来越多的环境难民将被迫逃离洪水泛滥或沙漠化日益严重的国家。人口的增长伴随着不平等、苦难和必需资源的匮乏，可能会加剧暴力和战争。错误信息、虚假信息、两极分化和阴谋论有可能继续大行其道，限制人们对真实情况的了解，削弱人们采用"问题解决式思维"的动力。如果这种黑暗的未来最终到来，我相信主要原因是我们未能改变我们教育的方式和内容。

最后，我分享一个思想实验。想象一下，如果学校接受了如下的办学理念，我们的世界将会变成怎样？

- 每天都能培养和示范一些品格，如共情、善良、正直、坚毅、诚实、公正和责任感等。
- 每个学生的兴趣和天赋都能得到培养和赞美。

- 学生成为优秀的研究者，他们的审辩式思维、系统性思维、战略性思维、创造性思维和协作能力都能得到悉心传授和锻炼。

- 真实世界中可行的问题解决方案是衡量学习效果与受人尊重的重要标准，同时能让学生真正体会到有意义的成就感。

- 通过自我反思和恢复性实践[①]，学生可以更好地自我管理，更积极地交流，做出符合伦理的选择，产生更深的同理心，更有效地开展合作。

- 定期开展艺术活动，提高学生的创造力、创新力和愉悦感。

---

① 参见拉里·弗拉佐（Larry Ferlazzo）的文章《在课堂上实施恢复性实践的方法》（Ways to Implement Restorative Practices in the Classroom），《教育周刊》网站，2020 年 1 月 9 日。

- 体育教育是一项日常活动，能带来更健康的体魄和幸福感。

- 学校的办学目标是让学生在毕业时能够成为问题解决者，无论从事何种职业，在生活中做出何种选择，他们都能将自己的技能、知识和才能用于服务一个更加公正、人道和可持续发展的世界。

当我想象培养出一代问题解决者时，我能看到世界上的严峻问题正得到解决，我们支离破碎的政策系统、不公平的经济系统、不可持续的能源系统、不人道且具有破坏性的农业系统、不公正且污染严重的生产系统、功能失调且带有歧视性的刑事司法系统、成本高昂的医疗系统以及许多其他系统都将变得更加公平、可持续且更具关怀。

我还看到充满活力和喜悦的年轻一代不仅为应对当前的挑战做好了充分的准备，还为未来出现的一切做好了准备。

为了成功地改变我们的教育系统并克服阻力，我们可以：

● 给教师赋权，支持教师转型，使他们在社会中成为变革型、问题解决式的引领者，他们的角色本该如此。

● 为教师和管理人员开发和提供受人尊重、有用且合适的专业发展机会以及分享经验的场所，以便他们以协作和富有创造力的方式相互学习。

● 发起一场运动，将所有学校转变为问题解决者学校，以促成学生获得真实世界中的成就，促成跨学科主题学习和个性化学习，促成问题解决式思维和行动。学校里的教学方法、课程设置和实践活动都围绕这些目标设计。

● 证明并记录学生的能力可以远远超出现有教育的期望，学生在高度体验式、充满合作、创造、共情、公平和目标感的学习环境中最容易取得成功。

- 让包括教师、学校管理人员、家长和学生的所有群体都参与这项工作。学校存在于千差万别的社区之中，却往往与这些社区隔绝。如何教育学生将对地球上所有生命的未来产生持久的影响，因此我们都是利益相关者。让我们都参与学校教育系统，并通过以下方式将其转变为一个问题解决式系统：关注教育领域发生的一切；大声倡议；联系有关人员为致力于给教育带来有意义变革的立法者和学校董事会成员投票；起草并分享政策观点；撰写专栏文章、致编辑的信、博客和社论；参与演讲；为变革站台。

美国和许多其他国家规定，每个孩子都必须接受免费、适当和可获得的教育。这项规定是一项巨大的权利和责任。让我们不要浪费这个机会，充满活力、全力以赴地拥抱它，从而真正以对年轻人的生活和未来最有意义、最关切现实的方式开展教育。

　　为了我们的孩子和我们的世界，请做出这份至关重要的努力。毕竟，世界将如我们所教。

附　录

附录提供了本书中的理念生根发芽的实例，包含 14 个步骤的"问题解决式流程"以及将所有学校转变为问题解决者学校的愿景和建议，希望你能使用、分享和实施这些内容。

　　如前所述，仁爱教育研究所为教师编制了电子版《问题解决者指导手册》，也为学生和变革者编制了配套的电子版手册——《如何成为问题解决者》。这两份手册已被翻译成多种语言，都可以免费获取。我们鼓励学生通过视频与我们分享他们的解决方案和想法，在视频网站上将其纳入"问题解决者频道"。我们还向提出最佳问题解决方案的学生颁奖。此外，我们在网站上"问题解决者中心"的"教师资源"板块中提供免费的教案、议题指南和课程，并为教师提供"问题解决者微证书课程"以及安蒂奥克大学的在线研究生课程（含教育学硕士、文学硕士、教育学博士和研究生证书课程等）。

　　在使用这些材料、实施这些想法时，请与我们分享你的经验、成功和挑战。我们希望向你学习，共同改善教育。

　　感谢你所做的一切！

佐伊·维尔

问题解决式学习的扎根之地

本书自 2016 年第一版出版之后，带动了许多地方参与问题解决式学习。我主要举三个例子来说明这些理念如何在以下地方生根发芽：

- 一整个县

- 一个学区

- 一间教室

美国加利福尼亚州圣马特奥县

加利福尼亚州圣马特奥县教育办公室的环境素养协调员安德拉·耶霍安（Andra Yeghoian）读完这本书后，与该县的课程和教学研发团队分享。该团队为 23 个学区约 113000 名学生提供服务。该团队阅读了本书，并采用了书中的问题解决式方法作为该县的教育理念和框架。他们开始在教师的专业发展研讨会、奖励计划和暑期学校中使用这些理念，影响了数百名教师。

全县教师也为自己的课堂设计了"问题解决式学习单元"。教育办公室的 STEM（科学、技术、工程和数学）团队随后策划了第一届年度"问题解决者展览会"。仅在第一年，就有 113 个学生团队注册并分享了他们的作品。圣马特奥县继续为教师举办问题解决式专业发展学院，并产出了许多资源，这让在任何地方的教育工作者都可以利用这些资源将本书中的理念付诸实施。我希望圣马特奥县能够成为众多县中的第一个，引领其他县在教学中采用"问题解决式框架"并举办"问题解决者展览会"展示学生的解决方案。

美国纽约州欧申赛德学区

米奇·比克曼（Mitch Bickman）是纽约州长岛欧申赛德学区的社会研究课程的主任，他正在将问题解决式学习纳入该学区幼儿园至十二年级的整个社会研究课程之中。

迄今为止，该学区的高中每年都会通过历史和英语教学部为十年级和十一年级的学生开设围绕可持续发展目标的多学科的"问题解决式学习单元"。学生找出自己热衷的与可持续发展目标相关的议题，然后专注于一个特定的主题，使用《问题解决者指导手册》中描述的"问题解决式流程"为设计和实施解决方案提供框架。

2020 年 3 月，该学区举办了第一届"我们想要的世界"问题解决者展览会。在展览会上，完成了"问题解决式学习单元"的高中生带领并指导了五年级学生，向他们介绍了可持续发展目标，并设立了站点向他们传授不同的问题解决式概念，激发他们的兴趣，为他们在初中继续开展问题解决式学习做好准备。

我参加了欧申赛德学区的第一届"问题解决者展览会"，被高中导师极度的热情、五年级学生的兴奋以及教师和管理人员的奉献精神深深打动。随着多所学校的参与，问题解决式学习渗透到幼儿园至十二年级的整个社会研究课程之中，很有可能在整个学区产生成效，学区内的学校在类似上述展览会的活动中相互交流，在社区层面产生问题解决式思维模式。

美国科罗拉多州常青中学

朱丽亚·弗里斯（Julia Fliss）是科罗拉多州常青镇常青

中学六年级的语文教师。她一直向学生传授有关可持续发展目标的知识，在 2020 年下载《问题解决者指导手册》并阅读了本书的第一版后，她开始使用"问题解决式流程"激活和培养学生的"问题解决式思维模式"，让学生能够设计、启动和实施基于可持续发展目标的"个性化行动项目"。

朱丽亚请学生找出他们所在社区的问题和关注点，然后帮助他们培养问题解决式思维，让他们发现如何才能最好地改变现状。她的学生借助"根源图表"，研究问题的复杂性和相互关联性，以及导致这些问题长期存在的系统，然后制订带来"最多益处、最少伤害"的解决方案。

结合信息和媒体素养课程，朱丽亚让她的学生研究、综合分析、合作，并共创"信息壁画"，以此相互分享他们的学习成果，并练习有说服力的演讲。接着，她的学生开始行动。他们选择自己的项目范围、目标和平台，给社区带来可衡量的积极影响。2021 年，为了让学生分享他们的成果，朱丽亚发起了第一届"问题解决者峰会"。

朱丽亚让课堂聚焦真实世界和问题解决，这种教与学的方法正是本书的目标。通过帮助她的学生用问题解决式视角看待所有议题，朱丽亚正在引领一代问题解决者的诞生。

问题解决式流程

在仁爱教育研究所，我们创建了一个包含 14 个步骤的"问题解决式流程"，在为教育工作者编制的《问题解决者指导手册》以及为学生和变革者编制的《如何成为问题解决者》中，都有对这 14 个步骤的详细描述。这两份电子版手册都可以免费下载。在这里，我提供一个精简版，帮助你开始教学生成为问题解决者。你可以选择一个自己关心的问题，亲自走一遍这个流程，这也非常有价值，这样就能在指导学生前积累一些经验。

1. 培养共情

向你的学生介绍在你们生活的社区以及这个世界上影响人类、动物和环境的议题。分享正在经历挑战或忍受痛苦的个体（包括人和动物）的故事，以唤醒和培养他们的共情。

2. 了解你所在的社区以及这个世界上的议题

请学生进一步了解你在"步骤一"中提醒他们注意的议题，鼓励他们聚焦自己非常关心的议题。让他们对议题开展研究和调查，以获得对议题的深入和扎实的理解。

3. 确定一个你关心的想解决的具体问题

让学生确定一个他们在研究中发现且想解决的具体问题。让他们写一份清晰的问题陈述，用来指导他们指向问题解决的任务。

4. 联系利益相关者和那些致力于解决问题的人

帮助你的学生与利益相关者以及已经在努力解决问题的人建立联系。利益相关者不仅包括受到该问题伤害的人（如果该问题与动物或环境有关，那么利益相关者是能够代表这些动物或环境的人），还包括从该问题和支持该问题的系统中受益的人。

5. 从系统结构到心理因素、世界观和思维模式，找出问题的成因

使用类似于《问题解决者指导手册》中描述的系统性思维的方法，让学生深入研究和调查，以了解造成并延续问题的社会系统，以及导致我们创建这些系统的深层原因，如信念、思维模式和心理因素。

6. 确定问题对什么人和事物造成损害，以及对什么人和事物有益

问题造成的影响通常比我们最初注意到的要大。让学生找出受到正面和负面影响的所有个体和事物，包括人、动物和环境。

7. 研究到目前为止已经有哪些行动在解决这个问题

让学生调查已经尝试过的不同解决方案。哪些成功了？

哪些失败了？哪些好主意可以改进？哪些系统阻碍了好的解决方案得到广泛传播和全面实施？

8. 设计能从原因入手的解决方案，力求对人、动物和环境带来最多益处、最少伤害

指导和支持学生制订回应问题根源的解决方案，阻止问题存续。虽然帮助他们理解人道主义和慈善行为很重要，但这并不能阻止问题存续。指导他们制订给万物都带来"最多益处、最少伤害"的解决方案，防止对任何群体或个体（无论是人类还是非人类）造成意想不到的负面影响。

9. 确定哪些解决方案最能够解决问题，哪些解决方案最可行

帮助学生确定哪些是"最佳问题解决方案"，哪些实施起来最可行。使用"问题解决式量表"帮助他们确定"最佳问题解决方案"。

最可行的解决方案将是他们既乐于实施又有能力付诸实施的方案。注意："最佳问题解决方案"可能并不是最可行的实施方案，因此要帮助学生找到关键点，让他们有能力将自己的问题解决式想法转变为实践。他们有可能会自己想出方法，让一个已有但停滞不前的解决方案产生效果。这也是成为一名问题解决者的好方法！

10. 制订你的计划

参考下面的计划表（详细说明见《问题解决者指导手册》），帮助学生完成他们的计划。

行动步骤（具体的）	参与人员（包括利益相关者）	所需资源	时间线（计划完成时间）	可能存在的困难	成功的表现及其评估方法

11. 实施你的方案

在课堂和课程的限制范围内，最大程度地支持学生实施他们的解决方案。

12. 展示你的成果

在理想情况下，学生将在课堂、学校或社区论坛上展示他们的作品，比如问题解决者展览会或问题解决者峰会。我们鼓励学生遵循指导手册中介绍的方法或创造自己的新方法，并将其制作成视频提交给仁爱教育研究所，我们会将视频纳入精心策划的"问题解决者频道"，学生将有资格参与评奖。

13. 评估、分享、迭代

当我们仔细评估解决方案时，当我们向他人分享我们的成功和失败时，当我们在此过程中不断改进时，我们都将变成更好的问题解决者。请帮助学生自我反思，帮助他们收集有意义的反馈和数据，以及帮助他们调整解决方案。

14. 庆祝

不要忘记庆祝学生产出的优秀作品。以下是有关庆祝的想法：

- 举办一次壁画创作的聚会，让学生分享图片和文字，描绘他们作为问题解决者将创造的世界。

- 召开"问题解决者委员会"会议，让学生公开地说明为什么围坐在一起的每个人都是问题解决者。

- 安排一节"好消息"课，重点介绍年轻的问题解决者在课堂内外采取的积极行动和成果。

如果所有学校都变成问题解决者学校

让我们高瞻远瞩，想象一下，所有学校都成为问题解决者学校。学校的基本理念、宗旨和方法会是怎样的？以下是仁爱教育研究所的一个团队提出的一些想法，希望能有所启发。

问题解决者学校的宗旨、愿景、使命和承诺

问题解决者学校的宗旨

● 为年轻一代提供有吸引力、个性化、以真实世界为导

向的教育，促进他们在一个相互依存的世界中作为人而得到全面发展。

- 为世界培养积极进取、知识渊博、富有共情的公民，他们有能力合作共赢，运用智慧创造性地解决真实世界中的问题。

问题解决者学校的愿景

友善、有创造力、有技能、有知识且快乐的人一起学习，为所有人、动物和维系生命的生态系统共同创造一个欣欣向荣的世界。

问题解决者学校的使命

教导学生成为问题解决者，他们是这样一群人：

- 因其独特的品格、兴趣和才能而受到关爱、支持和赞赏。

- 正直、富有共情和责任感。

- 有机会获得知识和技能，从而成为优秀的具有审辩式、系统性、战略性、科学性、逻辑性和创造性思维的思考者与合作者，能追求对个人有意义的目标，并为建设一个更加公正、人道和可持续发展的世界做出贡献。

问题解决者学校的承诺

问题解决者学校尊重和培养年轻人作为人的所有能力，为了向学生提供这种教育，问题解决者学校将:

- 确保学生获得卓越的研究和思维能力，表现出高度发达的审辩式、系统性、战略性、创造性、科学性、分析性、设计性、数学性和逻辑性思维。

- 培养学生健康的情绪和良好的沟通能力，表现出共情、友善、自我意识、向善的动力、公正、诚实、积极倾听，展示他们有效且尊重他者的写作、演讲和视频。

- 提供取得真正的成就的机会，让学生可以解决真实世界中的问题，展示合作精神，参与社区活动，并寻求聚焦问题解决的实习和工作机会。

- 每天为学生提供机会，让他们通过表达性艺术和体育锻炼发展创造力。

问题解决者学校的基本共识

1. 一个人道、公正和健康的世界是可能实现的

许多事情都有了显著改善，这提醒我们更美好的未来是可以实现的。我们可以而且必须学会如何明智、和平地生活，如何创建公平、人道和可持续发展的系统，以及如何保护所有生命都赖以生存的生物圈。

2. 我们在生态和社会方面有着千丝万缕的联系

我们每个人所做的和没有做的都会影响人类、动物和环境。生态和社会系统相互作用，我们有能力发现这些相互作用和相互联系，并以共情和正直的态度行事。

3. 我们都肩负责任

在我们力所能及的范围内，每个人都有责任为创建健康、公平、和平和人道的系统做出贡献，以解决我们面临的挑战，并努力做出符合伦理的选择。这些选择可以为所有人（尤其是最边缘化的人群）、所有动物、维持生命的生态系统，带来"最多益处、最少伤害"。

4. 解决方案取决于准确的信息和多元的观点

我们可以而且必须学会辨别可信的信息，学会区分事实与猜测、事实与错误或虚假信息，学会推理，并学会寻求多种观点为我们的建议和行动提供依据。

5. 指向问题解决的方案来源于问题解决式思维

非此即彼的思维方式限制了我们的能力，限制了我们去发现和创造那些创新、有远见、适合所有人的解决方案。我们可以而且必须努力制订那些超越了简单化、二分法的解决方案，以便找到解决问题的最成功、最全面的答案。

6. 一个理想的解决方案不伤害人、动物或维系生命的生态系统

我们可以而且必须努力找到可持续的、公正的、对所有生命和环境人道的解决方案，同时尊重人类个体和非人类生物以及我们共享的公域。

7. 一个理想的解决方案要回应根本原因或系统原因

虽然解决问题的表征很重要，但要解决系统性挑战，我们可以而且必须找出并回应导致问题的根本原因或系统性原因。

问题解决者学校的要素

聚焦问题解决的课程：课程聚焦于真实世界和问题解决，课程与学生的生活和世界相关联，课程是个性化、可调整的，并定期更新。

问题解决者中心：学校内的问题解决者中心展示学生各种形式的解决方案。比如，实施想法的案例，问题解决者戏剧和艺术，问题解决者演讲和峰会（全天活动向全球直播），创客空间，展览区，通过销售学生的问题解决式产品和服务的"问题解决者商店"来提供创业机会，等等。

对学生的支持：学生得到爱护、培养和支持，他们发现并发展自己独特的天赋和能力，从而做出最大的贡献。恢复性实践取代惩罚性的纪律政策。

问题解决者职业证书：学生可以在自己选择的问题解决式领域获得一个或多个证书。

重视全人发展：学校在学术主题、艺术和设计以及身体、心理和情绪健康之间取得平衡，确保学生以积极、协同的方式发展和使用他们的思维能力、情感能力、创造能力和身体能力，使他们造福自己和他者。

评估：开展评估的目的是更好地帮助学生学习和取得成就，以及帮助他们提高研究技能、思维能力、协作能力，获得问题解决式思路和知识，并实现个人目标和学校目标。

民主：尽可能让学校的所有成员（学生、教师、行政人员、家长、教辅员工）在学校决策中有发言权。

教师：所有教师都应不断追求卓越，成为学生值得学习的榜样。教师获得有竞争力的薪酬，他们作为专业人员受到尊重，他们参加聚焦问题解决、以仁爱教育为主题的专业发展和培训，并不断完善学校的课程。

"最多益处、最少伤害"的伦理原则：学校应尽可能宣扬给人、动物和环境带来"最多益处、最少伤害"的选择，同时考虑最边缘化的人群。在实践中，这些选择包括但不限于可再生能源，可持续建筑材料或家具，对产品使用和回收的积极关注，学校采购公平贸易产品的政策；提供健康、人道、公正和可持续生产食品的食堂；为食堂提供食材并展示健康和可持续食品系统的花园或生活墙，恢复性实践，等等。

价值观和品格：在整个学校中（包括学生、教师、行政和教辅人员），积极培养共情、责任感、友善、诚信、公正、正直、毅力、自我意识、积极沟通和主动倾听、好奇心和求知欲、创造力和协作精神。

包容性和系统性的问题解决式取向：学校摒弃非此即彼

的思维，始终寻求能对所有人健康、人道和公正的解决方案。

问题解决者学校的核心价值观和品格

学校的所有成员每天都在培养以下核心价值观和品格：

共情

理解他者及其经历并与之产生共鸣的能力，以及希望提供帮助和服务的渴望。

责任感

认识到我们所做和没有做的每一件事都会产生影响，因此，我们应尽最大努力做出给自己和他者带来"最多益处、最少伤害"的选择，并热情参与，做出使我们社会中的各种系统变得可持续、公平和人道的努力。

友善

在我们的人际关系中行善助人，通过我们的选择行善助人，这些选择会影响到离我们很远的他者，但全球化让我们联系在一起。

毅力

即使面对障碍和挫折，也努力追求目标。

自我意识

观察和了解自己，观察和了解自己对他者的影响，以及自己的能力、天赋、激情和挣扎。参与内省和反思。

积极沟通和主动倾听

关注他人，接纳不同的声音，理解语言的力量，考虑不同的观点和经验。

好奇心和求知欲

能够感到惊叹，能够体验敬畏和惊奇，以及渴望求知。

创造力

一系列在以下方面的实践：创新、制造、设计，即兴发挥，将以前不存在的想法组合起来，以及提出新思想和重要观点。

协作

相互学习，相互协作，为实现共同目标一起工作。

诚信

讲真话、直率和真诚的品格。

公正

对公平和正义的承诺，使每个人都能获得生存和发展所需的一切，包括获得机会、资源和支持。

正直

承诺尽最大努力践行所有这些价值观，并在无人注意时同样做出符合上述价值观的事情。

问题解决者的品格、能力、素养和胜任力

品格

- 努力让自己的选择为自己和他者带来"最多益处、最少伤害"

- 共情

- 有良知

- 有道德感

- 专心

- 心胸开阔

- 以解决问题为导向

思维能力

- 开展研究和分析有效性的能力

- 考虑不同观点、经验和视角的能力

- 建立因果联系的能力

- 知识迁移的能力

- 设计思维

- 逻辑思维

- 数学思维

- 科学思维

- 问题解决式思维，主要包括审辩式思维、系统性思维、战略性思维、创造性思维

素养和胜任力

- 协作能力

- 计算机或技术能力

- 金融或经济素养

- 基础的口头表达和读写素养

- 基础计算能力

- 基础科学素养

- 全球意识素养

- 媒体素养（包括辨别有关虚假信息和错误信息的素养）

- 发现问题的能力

- 解决问题的能力

- 项目管理的能力

- 分析根源和系统原因的能力

- 识别结构性压迫的能力

沟通和表达技能

- 有效宣传的技能

- 积极倾听的技能

- 艺术技能

- 解决冲突的技能

- 跨文化交流的技能

- 公众演讲的技能

- 写作技能

- 摄像技能

"问题解决者职业证书"的职业发展方向

在一些学校，学生可以在管道工程、建筑、园艺和电气工程等领域接受职业技术教育。通过这些职业认证的途径，学生可以获得重要的人生经验和技能，为高中毕业后的就业做好准备。这种提供就业机会和工作保障的方法也可以扩展成问题解决者的职业发展方向。

"问题解决者职业证书"可以有多种职业发展方向，这样学生在高中阶段就可以获得相应的证书。任何职业、工作或专业都可以指向问题解决，重要的是，从业者要理解并承担自己的责任，确保该工作中的系统符合伦理且可持续，并对人、动物和环境的健康有益。有些领域明显比其他领域更加指向问题解决。在下面的列表中，你会发现一些专业和工作从本质上来说一般都是指向问题解决的，还有一些领域经过明确的调整后，可以有一个问题解决的聚焦点。

下面的专业和工作，只是学校管理者、负责人、仁爱教育研究院的教育学硕士毕业生玛丽恩·麦克吉利弗雷（Marion MacGillivray）列出的一小部分，加上我个人的一些补充。修读"问题解决者职业证书"课程的学生可以通过参与特定时长的学习和实习，并接受督导和考核获得证书。学生可以在其中某些方向上切实地提高能力，而在其他方向上，他们的证书将明确说明一项特定且具体的成就，为他们的职业发展做准备。

农业：可持续耕作，生态农业，土壤再生，恢复性林业，微生物修复，植物蛋白开发，细胞培养肉开发，有机园艺和景观设计，可再生能源水培。

建筑、设计、施工、建筑贸易：绿色建筑，可持续设计，恢复性土地使用规划，生态友好型建筑和家具生产，能源效率，太阳能和风能设计与设备，可持续的建筑工种（木工、电气工、管道工、绝缘工、油漆工、地板工等）。

艺术与戏剧：聚焦问题解决的剧本创作，电影制作，诗歌表演，木偶戏，舞蹈，即兴表演或脱口秀，讲故事，媒体和娱乐，视觉艺术（摄影、雕塑、美术等）。

传媒：调查报道，纪录片制作，聚焦问题解决的写作、插图、平面设计和出版，竞选，公众演讲，宣传。

商业、管理与行政：社会企业发展，非营利组织的创办和管理，绿色咨询，道德投资，筹款和资助申请撰写，公益广告，微型金融。

教育培训：仁爱教育，教学，聚焦问题解决的课程研发，问题解决式工作坊引导师。

政府与公共行政：政策制定，政治行动和服务，立法援助工作，问题解决者智库。

健康与医学：预防保健，营养科学与营养咨询，心理咨询与社会工作，健身，问题解决式医学。

招待服务与旅游：公益旅游，生态旅游，教育旅游，问题解决式旅游。

法律、公共安全、惩教、安保：保护环境、社会公正和动物的法律，恢复性司法，冲突解决与和平缔造，移民问题解决方案。

制造业：遵循公平贸易、生态友好、零残忍观念的生产，从摇篮到摇篮的生产①，回收再利用。

STEM（科学、技术、工程、数学）相关职业：绿色化学，人道研究，建设可持续城镇的土木工程，无污染或可再生的交通系统，清洁能源系统。

_____

① "从摇篮到摇篮"不仅指生产过程中减少毒性或破坏性，也指生产过程能够真正滋养和帮助环境。威廉·麦克唐纳（William McDonough）和迈克尔·布朗嘉特（Michael Braungart）在《从摇篮到摇篮》（*Cradle to Cradle*）一书中详细介绍了这种生产方式。

更多阅读和参考资源

教育类图书

Berger, Warren. *A More Beautiful Question: The Power of Inquiry to Spark Breakthrough Ideas*. New York: Bloomsbury USA, 2014.

Berry, Barnett, et al. *Teaching 2030: What We Must Do for Our Students and Our Public Schools . . . Now and in the Future*. New York: Teachers College Press, 2011.

Block, Joshua. *Teaching for a Living Democracy: Project-Based Learning for the English and History Classroom*. New York: Teachers College Press, 2020.

Burger, Edward B., and Michael Starbird. *The 5 Elements of Effective Thinking*. Princeton, NJ: Princeton University Press, 2012.

Chaltain, Sam. *Our School: Searching for Community in the Era of Choice*. New York: Teachers College Press, 2014.

Chapin, Dexter. *Master Teachers: Making a Difference on the Edge of Chaos*. Lanham, MD: Rowman & Littlefield Education, 2008.

Christensen, Linda, and Stan Karp, Eds. *Rethinking School Reform: Views from the Classroom*. Milwaukee, WI.: Rethinking Schools, 2003.

Cowhey, Mary. *Black Ants and Buddhists*. Portland, ME: Stenhouse Publishers, 2006.

Dintersmith, Ted. *What Schools Could Be*. Princeton, NJ: Princeton University Press, 2018.

Esquith, Rafe. *Teach Like Your Hair's on Fire*. New York: Viking, 2007.

Freire, Paulo. *Pedagogy of the Oppressed*. New York: Continuum, 2000.

Friedman, Audrey A., and Luke Reynolds, Eds. *Burned in: Fueling the Fire to Teach*. New York: Teachers College Press, 2011.

Gardner, Howard. *Five Minds for the Future*. Cambridge, MA: Harvard Business Review Press, 2009.

Gatto, John Taylor. *Dumbing Us Down: The Hidden Curriculum of Compulsory Schooling*. Gabriola Island, BC: New Society Publishers, 2002.

Goldstein, Dana. *The Teacher Wars: A History of America's Most Embattled Profession*. New York: Anchor Books, 2015.

Goleman, Daniel, Lisa Bennett, and Zenobia Barlow. *Ecoliterate: How Educators are Cultivating Emotional, Social, and*

Ecological Intelligence. San Francisco: Jossey-Bass, 2012.

Gorski, Paul C. *Reaching and Teaching Students in Poverty: Strategies for Erasing the Opportunity Gap.* New York: Routledge, 2017.

Goyal, Nikhil. *Schools on Trial: How Freedom and Creativity Can Fix Our Educational Malpractice.* New York: Doubleday, 2016.

Hunter, John. *World Peace and Other 4th-Grade Achievements.* New York: Houghton Mifflin, 2013.

Jacobs, Heidi Hayes. *Curriculum 21: Essential Education for a Changing World.* Alexandria, VA: ASCD, 2010.

Johnson, LouAnne. *The Queen of Education.* San Francisco: Jossey-Bass, 2007.

Khan, Salman. *The One World Schoolhouse: Education Reimagined.* New York: Twelve, 2012.

Kohn, Alfie. *Schooling Beyond Measure and Other Unorthodox Essays About Education*. Portsmouth, NH: Heinemann, 2015.

Kottler, Jeffrey A., Stanley J. Zehm, and Ellen Kottler. *On Being a Teacher: The Human Dimension, Third Edition*. Thousand Oaks, CA.: Corwin Press, 2005.

Lickona, Thomas. *Educating for Character*. New York: Bantam, 1992.

McCarthy, Colman. *I'd Rather Teach Peace*. Maryknoll, NY: Orbis Books, 2008.

McCarty, Marietta. *Little Big Minds*. New York: Penguin Group, 2006.

Meier, Deborah. *In Schools We Trust: Creating Communities of Learning in an Era of Testing and Standardization*. Boston: Beacon Press, 2014.

Merrow, John. *The Influence of Teachers: Reflections on Teaching and Leadership*. New York: LM Books, 2011.

Mintz, Jerry, and Carlo Ricci, Eds. *Turning Points: 27 Visionaries in Education Tell Their Own Stories*. Roslyn Heights, NY: Alternative Education Resource Organization, 2010.

Olson, Kirsten. *Wounded by School*. New York: Teachers College Press, 2009.

Palmer, Parker. *The Courage to Teach*. San Francisco: Jossey-Bass, 2007.

Pearlman, Steven J. *America's Critical Thinking Crisis: The Failure and Promise of Education*. PublishDrive, 2020.

Perkins, David. *Future Wise: Educating Our Children for a Changing World*. San Francisco: Jossey-Bass, 2014.

Prensky, Marc. *Education to Better Their World: Unleashing the Power of 21st Century Kids*. New York: Teachers College Press, 2016.

Reigeluth, Charles M., and Jennifer R. Karnopp. *Reinventing Schools: It's Time to Break the Mold.* Lanham, MD: Rowman & Littlefield Education, 2013.

Reynolds, Luke, Ed. *Imagine It Better: Visions of What School Might Be.* Portsmouth, NH: Heinemann, 2014.

Roberts, Rohan. *Cosmic Citizens and Moonshot Thinking: Education in an Age of Exponential Technologies.* Bloomington, IN: AuthorHouse, 2018.

Robinson, Sir Ken, and Lou Aronica. *Creative Schools: The Grassroots Revolution That's Transforming Education.* New York: Viking, 2015.

Russakoff, Dale. *The Prize: Who's in Charge of America's Schools.* New York: Houghton Mifflin Harcourt, 2015.

Schauffler, Marina. *Kids As Planners: A Guide to Strengthening Students, Schools and Communities Through Service Learning*

(Revised and Expanded 3rd Edition). Lewiston, ME: Kids Consortium, 2011.

Stern, Julie H., et al. *Learning That Transfers: Designing Curriculum for a Changing World.* Thousand Oaks, CA: Corwin, 2021.

Swope, Kathy, and Barbara Miner, Eds. *Failing Our Kids: Why the Testing Craze Won't Fix Our Schools.* Milwaukee, WI: Rethinking Schools, 2000.

Trilling, Bernie and Fadel, Charles. *21st Century Skills: Learning for Life in Our Times.* San Francisco: Jossey-Bass, 2009.

Weil, Zoe. *Above All, Be Kind: Raising a Humane Child in Challenging Times.* Gabriola Island, BC: New Society Publishers, 2003.

Wiggins, Grant, and Jay McTighe. *Understanding by Design* (Expanded 2nd Edition). Alexandria, VA: ASCD, 2005.

Wojcicki, Esther, and Lance Izumi. *Moonshots in Education: Launching Blended Learning in the Classroom*. San Francisco: Pacific Research Institute, 2015.

人类权利和社会公正类图书

Alexander, Michelle. *The New Jim Crow: Mass Incarceration in the Age of Colorblindness*. New York: The New Press, 2012.

Baird, Robert M., and Stuart E. Rosenbaum, Eds. *Hatred, Bigotry, and Prejudice*. Amherst, NY: Prometheus Books, 1999.

Bales, Kevin. *Ending Slavery*. Berkeley: University of California Press, 2007.

Batstone, David. *Not for Sale: The Return of the Global Slave Trade and How We Can Fight It*. New York: HarperOne, 2010.

Cohen, Stanley. *States of Denial: Knowing About Atrocities and*

Suffering. Cambridge, MA: Polity Press, 2001.

Eberhardt, Jennifer. *Biased: Uncovering the Hidden Prejudice That Shapes What We See, Think, and Do*. New York: Penguin Books, 2020.

Johnson, Allan. G. *Privilege, Power and Difference*. Boston, MA: McGraw-Hill, 2006.

Kassindja, Fauziya. *Do They Hear You When You Cry*. New York: Delta, 1999.

Kressel, Neil J. *Mass Hate: The Global Rise of Genocide and Terror*. Boulder, CO: Westview Press, 2002.

Kristof, Nicholas, and Sheryl WuDunn. *Half the Sky: Turning Oppression into Opportunity for Women Worldwide*. New York, NY: Vintage Books, 2009.

Sloan, Judith, and Warren Lehrer. *Crossing the Boulevard*. New York: W. W. Norton & Co., 2003.

Tomasevski, Katarina. *Education Denied: Costs and Remedies*. New York: Zed Books, 2003.

Wilkerson, Isabel. *Caste: The Origin of Our Discontents*. New York: Random House, 2020.

Yousafzai, Malala, and Christina Lamb. *I Am Malala: The Girl Who Stood Up for Education and Was Shot by the Taliban*. Boston, MA: Little, Brown and Company, 2013.

Yunus, Muhammad. *Creating a World Without Poverty: Social Business and the Future of Capitalism*. New York: Public Affairs, 2009.

环境保护类图书

AtKisson, Alan. *Sustainability Is for Everyone*. Oxford, UK: Isis Academy (Iffley Academy), 2013.

Berners-Lee, Michael. *How Bad Are Bananas? The Carbon Footprint of Everything*. Berkeley, CA: Greystone Books, 2011.

Diamond, Jared. *Collapse: How Societies Choose to Fail or Succeed*. New York: Penguin, 2011.

Ellis, Richard. *The Empty Ocean*. Washington, DC: Island Press, 2004.

Kolbert, Elizabeth. *The Sixth Extinction: An Unnatural History*. New York: Henry Holt & Co., 2014.

Hawken, Paul. *Drawdown: The Most Comprehensive Plan Ever Proposed to Reverse Global Warming*. New York, NY: Penguin Books, 2017.

Henley, Thom, and Kenny Peavy. *As If the Earth Matters: Recommitting to Environmental Education*. Gabriola Island, BC: New Society Publishers, 2006.

McDonough, William, and Michael Braungart. *Cradle to Cradle:*

Remaking the Way We Make Things. New York: North Point Press, 2010.

Orr, David. *Earth in Mind: On Education, Environment and the Human Prospect* (2nd Edition). Washington, DC: Island Press, 2004.

Ryan, John C., and Alan Thein Durning. *Stuff: The Secret Lives of Everyday Things*. Seattle, WA: Sightline Institute, 2012.

Speth, James. *The Bridge at the End of the World*. New Haven, Conn.: Yale University Press, 2009.

动物保护类图书

Akhtar, Aysha. *Our Symphony with Animals: On Health, Empathy, and Our Shared Destinies*. New York: Pegasus, 2019.

Baur, Gene. *Farm Sanctuary: Changing Hearts and Minds About*

Animals. New York: Touchstone, 2008.

Bekoff, Marc. *The Emotional Lives of Animals*. Novato, CA: New World Library, 2011.

Eisnitz, Gail. *Slaughterhouse*. Amherst, NY: Prometheus Books, 2007.

Foer, Jonathan Safran. *Eating Animals*. New York: Back Bay Books, 2010.

Fouts, Roger. *Next of Kin: What Chimps Taught Me About Who We Are*. New York, NY: Quill, 1997.

Ginsberg, Caryn. *Animal Impact: Proven Secrets to Achieve Results and Move the World*. Priority Ventures Group, 2011.

Joy, Melanie. *Why We Love Dogs, Eat Pigs and Wear Cows*. San Francisco, CA: Conari Press, 2010.

Masson, Jeffrey Moussaieff. *When Elephants Weep*. New York: Delta, 1995.

McCarthur, Jo-Anne. *We Animals*. Brooklyn, NY: Lantern Books, 2013.

Patterson, Charles. *Eternal Treblinka*. Brooklyn, NY: Lantern Books, 2002.

Reitman, Judith. *Stolen for Profit*. New York: Kensington Books, 1995.

Safina, Carl. *Becoming Wild: How Animal Cultures Raise Families, Create Beauty, and Achieve Peace*: New York: Henry Holt, 2020.

Singer, Peter. *Animal Liberation*. New York, NY: Harper Perennial Modern Classics, 2009.

Stevens, Kathy. *Where the Blind Horse Sings: Love and Healing at an Animal Sanctuary*. New York: Skyhorse, 2009.

Taylor, Sunaura. *Beasts of Burden: Animal and Disability Liberation*. New York: The New Press, 2017.

Wise, Steven. *Rattling the Cage*. London: Profile, 2001.

Wulff, Gypsy. *Turning Points in Compassion: Personal Journeys of Animal Advocates*. Spirit Wings Humane Education, 2015.

文化、进步和变革类图书

Abdullah, Sharif. *Creating a World That Works for All*. San Francisco, CA: Berrett-Koehler Publishers, 1999.

AtKisson, Alan. *Believing Cassandra: An Optimist Looks at a Pessimist's World*. London: Earthscan, 2010.

Barasch, Marc Ian. *The Compassionate Li᷉ Walking the Path of Kindness*. San Francisco, CA: Berrett-Koehler Publishers, 2009.

Barnes, Peter. *Capitalism 3.0: A Guide to Reclaiming the Commons*. San Francisco, CA: Berrett-Koehler Publishers,

2006.

Bornstein, David. *How to Change the World*. Oxford: Oxford University Press, 2007.

Chase, Robin. *Peers Inc: How People and Platforms Are Inventing the Collaborative Economy and Reinventing Capitalism*. New York: Public Affairs, 2015.

Enriquez, Juan. *Right/Wrong: How Technology Transforms Our Ethics*. Cambridge, MA: MIT Press, 2020.

Gardner, Daniel. *The Science of Fear: How the Culture of Fear Manipulates Your Brain*. New York: Plume, 2009.

Goffman, Alice. *On the Run: Fugitive Life in an American City*. Chicago: University of Chicago Press, 2014.

Greenspan, Miriam. *Healing Through the Dark Emotions*. Boston, Mass.: Shambhala, 2004.

Haidt, Jonathan. *The Righteous Mind: Why Good People Are*

Divided by Politics and Religion. New York: Vintage, 2013.

Harari, Yuval Noah. *Sapiens: A Brief History of Humankind.* New York: Harper Perennial, 2018.

Harper, A. Breeze. *Sistah Vegan: Black Women Speak on Food, Identity, Health, and Society* (10th Anniversary Edition). Brooklyn, NY: Lantern Publishing & Media, 2020.

Heath, Dan. *Upstream: The Quest to Solve Problems Before They Happen.* New York: Simon & Schuster, 2020.

Hinkley, Robert. *Time to Change Corporations: Closing the Citizenship Gap.* Scotts Valley, CA: Create Space, 2011.

Kiernan, Stephen. *Authentic Patriotism: Restoring America's Founding Ideals Through Selfless Action.* New York: St. Martin's Press, 2010.

Ko, Aph & Syl. *Aphro-ism: Essays on Pop Culture, Feminism, and Black Veganism from Two Sisters.* Brooklyn, NY: Lantern

Books, 2017.

Krech, Gregg. *Naikan: Gratitude, Grace and the Art of Self Reflection*. Berkeley, CA: Stone Bridge Press, 2001.

Mckeown, Greg. *Essentialism: The Disciplined Pursuit of Less*. New York: Crown Business, 2014.

Meadows, Donnella, and Donna Wright. *Thinking in Systems: A Primer*. White River Junction, VT: Chelsea Green, 2008.

Pinker, Steven. *Enlightenment Now: The Case for Reason, Science, Humanism, and Progress*. New York: Penguin Books, 2019.

Raworth, Kate. *Doughnut Economics: Seven Ways to Think Like a 21st-Century Economist*. White River Junction, VT: Chelsea Green, 2018.

Rosling, Hans, et al. *Factfulness: Ten Reasons Why We're Wrong About the World, and Why Things Are Better Than You Think*. New York: Flatiron Books Reprint Edition, 2020.

Shapiro, Paul. *Clean Meat: How Growing Meat Without Animals Will Revolutionize Dinner and the World*. New York: Gallery Books, 2018.

Singer, Peter. *The Most Good You Can Do: How Effective Altruism Is Changing Ideas About Living Ethically*. New Haven, CT: Yale University Press, 2015.

Steele, Claude. *Whistling Vivaldi: How Stereotypes Affect Us and What We Can Do*. New York: Norton, 2011.

Sunstein, Cass. *Conspiracy Theories and Other Dangerous Ideas*. New York: Simon & Schuster, 2014.

Sunstein, Cass. *Wiser: Getting Beyond Groupthink to Make Groups Smarter*. Cambridge, MA: Harvard Business Review Press, 2014.

Ury, William. *The Third Side*. New York: Penguin Books, 2000.

Weil, Zoe. *Most Good, Least Harm: A Simple Principle for a*

Better World and Meaningful Life. New York: Beyond Words/
Atria, 2009.

Wrangham, Richard. *The Goodness Paradox: The Strange Relationship Between Virtue and Violence in Human Evolution*. New York: Vintage, 2019.

Yang, Andrew. *The War on Normal People: The Truth About America's Disappearing Jobs and Why Universal Basic Income Is Our Future*. New York: Hachette Books, 2019.

Zaki, Jamil. *The War for Kindness: Building Empathy in a Fractured World*. New York: Crown, 2020.

教育机构和资源

Algalita: algalita.org/work

Alternative Education Resource Organization: www.

educationrevolution.org

Americans Who Tell the Truth: www.americanswhotellthetruth.org

Association for the Advancement of Sustainability in Higher Education: www.aashe.org

Association for Supervision and Curriculum Development (ASCD): www.ascd.org

Awecademy: www.awecademy.org

Better Lesson: betterlesson.com

Big Picture Learning: www.bigpicture.org

BSCS Science Learning: bscs.org

Buck Institute for Education Project Based Learning: bie.org/about/what_pbl

Ceeds of Peace: ceedsofpeace.org

Center for Compassion and Altruism Research and Education: ccare.stanford.edu

Center for Ecoliteracy: www.ecoliteracy.org

Center for Teaching Quality: www.teachingquality.org

Challenge Success: www.challengesuccess.org

Changemaker Project: www.thechangemakerproject.org

Character Education Partnership (CEP): character.org

Clayton Christensen Institute for Disruptive Innovation: www. christenseninstitute.org

Clear the Air: cleartheaireducation.wordpress.com/about-cleartheair

Cloud Institute for Sustainability Education: cloudinstitute.org

Collaborative for Academic, Social and Emotional Learning (CASEL): www.casel.org

Creaza: www.creaza.com

Critical Thinking Foundation: www.criticalthinking.org

Critical Thinking Initiative: www. criticalthinkinginitiative.org

Curriculum 21 Clearinghouse: www.curriculum21.com/ clearinghouse

Design for Change: www.dfcworld.org/SITE

Education for Liberation: www.edliberation.org

Education Next: www.educationnext.org

Education to Save the World: edtosavetheworld.com

Education Week: www.edweek.org

Edutopia: www.edutopia.org

Equity Literacy Institute: www.equityliteracy.org

Facing History and Ourselves: www.facinghistory.org

Global Future Education Foundation: global-future-education.org

Global Oneness Project: www.globalonenessproject.org

Greater Good (education): greatergood.berkeley.edu/education

Green Teacher: greenteacher.com

Happy World Foundation: happyworldfoundation.us

HEART: teachhumane.org

Heroic Imagination Project: heroicimagination.org

Human Restoration Project: www.humanrestorationproject.org

Humane Education Coalition: www.hecoalition.org

HundrEd: hundred.org/en

Inspire Citizens: inspirecitizens.org

Institute for Climate and Peace: www.climateandpeace.org

Institute for Democratic Education in America: www.democratic-
education.org

Institute for Humane Education: www.HumaneEducation.org

Khan Academy: www.khanacademy.org

Learning for Justice: www.learningforjustice.org

Map the System: mapthesystem.web.ox.ac.uk/home

Mastery Connect: www.masteryconnect.com

Operation Breaking Stereotypes: www.operationbreakingstereotypes.
org

Partnership for 21st Century Learning: www.p21.org

Peace First: peacefirst.org

Peace Learning Center: peacelearningcenter.org

Progressive Education Network: www.progressiveeducationnetwork.org/
resources

Rethinking Schools: rethinkingschools.org

RISE Travel Institute: www.risetravelinstitute.org

River Phoenix Center for Peacebuilding: www.centerforpeacebuilding.
org

Roots and Shoots: www.rootsandshoots.org

SCOPE (Stanford Center for Opportunity Policy in Education):
edpolicy.stanford.edu

Solutionary Athlete: solutionaryathlete.com

Solutionary School: www.thesolutionaryschool.org

Solutions Journalism Network: www.solutionsjournalism.org

Stanford Earth Matters: earth.stanford.edu/earth-matters

Systems-led Leadership: systems-ledleadership.com

Taking IT Global: www.tigweb.org

Teachers Pay Teachers: www.teacherspayteachers.com

Teaching for Change: www.teachingforchange.org

Teach the Future: www.teachthefuture.org

TED-Ed Lessons: ed.ted.com/lessons

Uniting for Kids: www.uniting4kids.com

Uprooting Inequity: uprootinginequity.com

World Citizen: www.peacesites.org

World Peace Game Foundation: www.worldpeacegame.org

World Savvy: www.worldsavvy.org

Worldmapper: worldmapper.org

Yale Center for Emotional Intelligence: ei.yale.edu

Youth Empowered Action: yeacamp.org

YES!: www.yesworld.org

Yes! Magazine for teachers: www.yesmagazine.org/for-teachers

对教育工作者有价值的博客和播客

Blog21: www.curriculum21.com/blog

Sam Chaltain: www.samchaltain.com/blog

The Critical Thinking Initiative: www.thecriticalthinking-

　　initiative.org/podcasts

Cult of Pedagogy: www.cultofpedagogy.com

Ethical Schools Podcast: ethicalschools.org

Jesse Hagopian: iamaneducator.com

Joshua Block: mrjblock.com

Hidden Brain: www.npr.org/series/423302056/hidden-brain

Human Restoration Project: www.humanrestorationproject.org/

　　podcast

Institute for Humane Education: humaneeducation.org/blog

Mind Shift: ww2.kqed.org/mindshift

Paul C. Gorski: edchange.org/publications.html

Scott McLeod: dangerouslyirrelevant.org

National Geographic Education Blog: blog.education.national-
geographic.org

Diane Ravitch: dianeravitch.net

Will Richardson: willrichardson.com/blog

Teach 100 (ranks and conglomerates best education blogs): teach.
com/teach100

Teach Thought: www.teachthought.com

Teaching to Thrive: podcasts.apple.com/us/podcast/atn-teaching-
to-thrive/id1525043025

Ten of the best podcasts for teachers: www.weareteachers.com/
must-listen-podcasts

致　谢

我要非常地感谢许多人，他们以各种方式参与本书，表达他们的观点。我读过数百位才华横溢、见解独到的教师和作家的著作和文章（见"更多阅读和参考资源"），观看和聆听过他们的演讲，在我几十年的教育生涯中，他们启迪了我对学校教育的观念和想法。我希望本书能在他们已有的工作基础上添砖加瓦。

本书的许多内容来源于仁爱教育研究所的相关人员在十八个月里的协作，大家共同为问题解决者学校思考相关的想法和模式，参与的成员包括仁爱教育研究所现任和前任员工、教师、董事会成员、顾问委员会成员、学生、毕业生、合作伙伴和同行。

许多人阅读了本书的第一版和第二版，提供了反馈意见。我要感谢：维多利亚·安德森（Victoria Anderson）、丽兹·贝伦斯（Liz Behrens）、阿巴·卡迈克尔（Abba Carmichael）、玛丽·帕特·尚波（Mary Pat Champeau）、维多利亚·基亚图拉（Victoria Chiatula）、艾伦·科恩（Allan Cohen）、皮尔斯·德拉亨特（Pierce Delahunt）、凯瑟琳·狄龙（Kathryn Dillon）、马克·多斯科（Mark Doscow）、玛丽·李·达夫（Mary Lee Duff）、苏珊·费瑟斯（Susan Feathers）、梅丽莎·费尔德曼（Melissa Feldman）、霍普·费尔道西（Hope Ferdowsian）、芭芭拉·菲奥雷（Barbara Fiore）、艾莉森·福斯特（Alison Foster）、玛杰里·盖洛（Margery Gallow）、迈克尔·吉利斯（Michael Gillis）、比尔·格莱斯顿（Bill Gladstone）、奇特拉·戈莱斯塔尼（Chitra Golestani）、莱西·格里尔（Lexie Greer）、马克·海曼（Mark Heimann）、雷切尔·约瑟夫（Rachel Josephs）、史蒂夫·考夫曼（Steve Kaufman）、桑德拉·克莱曼（Sandra

Kleinman）、娜塔莉亚·莱肯斯基（Natalja Lekecinskiene）、多拉·利沃（Dora Lievow）、玛丽恩·麦克吉利弗雷（Marion MacGillivray）、丹娜·麦克法尔（Dana McPhall）、朱莉·梅尔泽（Julie Meltzer）、罗宾·摩尔（Robyn Moore）、卡罗尔·纳什（Carol Nash）、玛莎·拉克斯特劳（Marsha Rakestraw）、马克·舒尔曼（Mark Schulman）、莎拉·斯皮尔（Sarah Speare）、克里斯汀·塔克（Kristine Tucker）以及洛丽·韦尔（Lori Weir）。

他们的意见联合起来让本书得到了极大的改进。我也一如既往地非常感谢蓝腾出版和传媒公司（Lantern Publishing & Media）的马丁·罗威（Martin Rowe）。马丁建议本书的初稿要采纳多种群体的反馈，这种向许多人学习并根据多方观点修改的方法非常棒。

最后，我要一如既往地衷心感谢我的丈夫埃德温·巴克多尔（Edwin Barkdoll）和儿子福雷斯特·巴克多尔-维尔

（Forest Barkdoll-Weil），他们也阅读本书并给予了评论。弗雷斯特是在母亲节这天阅读的，这真是一份完美的母亲节礼物。

仁爱教育研究所简介

仁爱教育研究所（Institute for Humane Education，简称IHE）向教师和变革者提供免费的教学资源、职业发展机会，以及与安蒂奥克大学（Antioch University）合作提供在线研究生课程。这些教师和变革者通过开展关于人类权利、环境可持续发展和动物保护等相互关联议题的教育，以及创建问题解决者的社群，致力于创造一个更加公正、人道和可持续发展的未来。

使　命

仁爱教育研究所教育人们创造一个所有人类、动物和自然都能繁荣成长的世界。

策　略

- **提供教育学硕士、文学硕士、教育学博士和研究生证书的线上课程**，这些课程与安蒂奥克大学合作开设，旨在培养教师和变革者，让他们了解人类权利、环境可持续发展和动物保护等相互关联的议题，并帮助他人成为问题解决者。

- **创建问题解决者融汇中心**，提供学习机会、面向教师的问题解决者微型证书课程、免费资源和方法论，以推动日益壮大的问题解决者运动。

- **开展具有影响力的外联活动**，通过主题演讲、书籍、文章、工作坊、TEDx 演讲、咨询等实现推广。

● 作者简介

摄影：福雷斯特·巴克多尔-维尔

佐伊·维尔（Zoe Weil）是仁爱教育研究所的联合创始人和所长，被认为是"全面仁爱教育"运动的先驱。全面仁爱教育运动致力于创造一个和平、可再生和平等的世界。佐伊创办了仁爱教育研究所的线上研究生课程以及广受好评的工作坊和职业发展培训。

　　佐伊著有"鹦鹉螺号银奖"（Nautilus Silver Medal）获奖作品《最多益处，最少伤害：让世界更美好、生活更有意义的简单原则》（*Most Good, Least Harm: A Simple Principle for a Better World and Meaningful Life*），《仁爱教育的力量与承诺》（*The Power and Promise of Humane Education*），以及《最重要的是保持友善：在充满挑战的时代培养仁爱的孩子》（*Above All, Be Kind: Raising a Humane Child in Challenging Times*）。她还为年轻一代撰写书籍，包括"月光金奖"（Moonbeam Gold Medal）获奖作品《克劳德和美狄亚》（*Claude and Medea*），《你爱动物吗？一本让孩子帮助动物的乐趣之书》（*So, You Love Animals: An Action-Packed, Fun-Filled Book to Help Kids Help Animals*）。她撰写了大量关于仁爱教育、仁爱和可持续生活的文章，并在"今日心理学"（Psychology Today）网站上撰写名为"成为问题解决者"的博客。

2010 年，佐伊第一次在 TEDx 上发表"世界如你所教"的主题演讲，在上线的一年内迅速跻身 TEDx 最受欢迎的 50 个演讲之列。此后，她还发表了其他 TEDx 演讲，包括"问题解决者""为自由而教""如何成为问题解决者""扩大我们的共情圈层"和"你将如何回答这个问题"。

佐伊经常在美国、加拿大和海外的大学、会议、学校做演讲。她曾为世界各地的人们和组织担任仁爱教育顾问，她的愿景已在印度的第一所问题解决者学校里实现。

2012 年，佐伊首次推出了她的个人秀"我对友善的持续困惑：MOGO① 女孩的自白"，通过喜剧的形式将仁爱议题带入更广泛的社区。同年，她荣获美国缅因州团结学院颁

---

① MOGO 是"最多益处，最少伤害"英文缩写，来源于佐伊·维尔的书籍《最多益处，最少伤害：让世界更美好、生活更有意义的简单原则》（ *Most Good, Least Harm: A Simple Principle for a Better World and Meaningful Life* ）。——译者注

发的"环境领域女性领导力奖"，罗伯特·谢特利（Robert Shetterly）为她绘制了肖像，该肖像被收入"讲真话的美国人"肖像系列。2020年，她和仁爱教育研究所在 Apple TV+（苹果公司推出的流媒体订阅平台）"亲爱的……"系列节目第7集和电影《80亿天使》中亮相。

佐伊拥有哈佛大学神学院神学研究硕士学位（1988年）和宾夕法尼亚大学英国文学硕士与学士学位（1983年）。2015年，她被瓦尔帕莱索大学授予人文学荣誉博士学位。佐伊拥有"精神综合"心理咨询师认证，精神综合是一种依靠每个人内在的想象力来促进成长、创造、健康和转变的心理疗法。她还是"缅因州自然大师计划"的毕业生。

佐伊与她的丈夫和她救助的动物生活在缅因州的海岸边，她经常在那里的大自然中探索和摄影。

● 译后记

教育和学习如何变得关切现实、充满意义？

教育如何激发学生和教师的活力和热情？

教育如何让学生拥有全球视野和本土关怀？

我很欣喜能在佐伊·维尔《世界如我们所教：问题解决者培育手册》这本写给教育工作者的书中找到一些答案和灵感，佐伊·维尔的文字富有理性，同时饱含对地球上所有生物的爱意。她对美国教育系统，特别是基础教育系统的反思让我们可以洞察中美两国教育面临的共同挑战。佐伊·维尔带领读者审辩式地思考学校教育的目标，进而富有创造性地提出学校应该以培养"问题解决者"为目标；然后，她系统性地从教学内容、教学方法、评价方式、校园文化、教师和学生发展等多个角度，提出了具有战略性的改革建议。

　　《世界如我们所教：问题解决者培育手册》是佐伊·维尔向教育工作者和家长介绍仁爱教育的第四本书。根据佐伊·维尔的定义，仁爱教育是一种让学习者在人类、动物和环境三者之间建立联结的教育实践或研究领域，它通过培养共情和问题解决能力，让人们能够识别不公平、不友善和不可持续的系统，并且设计出能让人类、动物和自然环境共同繁荣的行动方案以解决问题。根据美国丹佛大学社会工作研究生院仁爱教育项目主任赛娜·贝克索（Sarah Bexell）的定义，仁爱教育是一种培养对人类、动物和自然环境的共情的教育实践，它的重点是培养学习者思考人类、动物和自然环境的共同健康与福祉，从而建立一个更加公正、共情和可持续发展的世界。从这两位学者也是仁爱教育实践者的论述中，我们可以看到仁爱教育主要的特点：第一，教育应该关切现实，应该回应真实世界中的社会和环境议题；第二，教育要注重学生情感、思维和品德的全面发展；第三，教育要将人类、动物和自然环境都视为重要的利益相关方，将关怀和伦理实践的对象从他人扩展至包括其他物种和环境的他者。仁爱教育的思想与中国传统文化倡导的"仁民爱物""民胞物与""万物一体"相通。在当今全球气候变化、生物多样性锐减、人工智能快速发展、全球化和城市化加剧的背景之下，在学校、家庭和社区开展仁爱教育变得尤其迫切！

佐伊·维尔在本书中提出"问题解决式学习"作为仁爱教育的教学法，她所指的"问题"是关于人类、动物和自然环境共同福祉的复杂问题，"问题解决者"可以理解成能够解决复杂问题、推动社会进步的人。国内已有与"问题解决式学习"相关的概念，包括社会情感学习、项目式学习、服务式学习、跨学科学习等。社会情感学习为问题解决式学习提供有价值的能力视角，问题解决式学习通过培养学生的社会情感能力和"问题解决式思维"促进他们做出对自己、他人、动物和环境更加友善的选择和行为。项目式学习、服务式学习和跨学科学习是问题解决式学习常采用的教育形式，问题解决式学习偏重关切现实、基于真实问题及聚焦解决方案的项目，问题解决式学习鼓励开展能为人类、动物和自然环境等多元利益相关者带来"最多益处、最少伤害"的服务实践，问题解决式学习鼓励教师和学生围绕关切现实的议题开展合作、研讨以及开展跨学科的教与学。

此刻，仁爱教育以一本书、一个书系的形式和读者朋友们见面，这背后有我们团队对仁爱教育的持续探索和本土化推动。机缘始于 2017 年，博士毕业后我参与了美国丹佛大学仁爱教育导师证书课程，在将近一年的时光里，我学习了社会公正、动物福祉和权利、环境保护等议题及相关理论，意识到仁爱教育的重要性。之后，在伙伴们的共同努力下，我实践了基于仁爱教育理念设计的夏令营活动"大自然守护者"，我和王博还发起了仁爱主题的读书会和沙龙，在第一期读书会，我们和本科生、硕士生一起研读了佐伊·维尔的原版书《仁爱教育的力量和承诺》。在第一期"Voice沙龙"，我引导参与者体验改编后的仁爱教育经典活动"一件T恤的真实价值"。2020年，我和学生一起翻译了仁爱教育研究所编制的《问题解决者指导手册》。2021年，我和王博策划和出版了10本"友善动物系列"绘本，以生动的动物形象和丰富细腻的故事呈现了动物面临的真实处境以及人与动物之间的联结。2023年，我和伙伴们研发的仁爱教育课程"友善万物"，借助公益机构的力量，每年让数百名一线小学教师将仁爱教育纳入课表。

　　仁爱教育可以是一次活动，比如在学校或社区开展一次"一件T恤的真实价值"活动，也可以是一门独立的课程，比如面向四至六年级学生的"友善万物"课程。仁爱教育更是一种教学理念，它可以融入所有学科的课程。比如将"问题解决式学习"融入学生的实践和实习，在教学中培养和表达对人类、动物和自然环境的尊敬、敬畏和共情；再比如问题解决式医学、问题解决式旅游或研学等。同时，"问题解决式学习"也可以作为学生职业生涯规划的重要一环，"问题解决者"有热情和能力选择向善的行业，或者让其所在的行业发生"向善"的变革。

在学校之外，仁爱教育也是一种生活理念，它可以融入每日的选择和行为，比如一个人决定今天出行的方式、吃什么、如何对待自己和他者。仁爱教育让我们相信，每日的选择和行为都能够带来改变、创造不同！

一路走来，我要感谢王博和周慧婕一起为推动仁爱教育所做的努力，感谢参与仁爱教育实践和研究工作的所有伙伴和学生。感谢郭鹏老师和刘美文老师对仁爱教育主题"万物共生"书系的支持，感谢上海教育出版社美文工作室的各位编辑老师。我期待与更多的同行者相遇，为了一个"万物共生"的友善、可持续发展的世界，我们在一起会走得更远。

顾　璇

2025 年春于济南